工业互联网安全技术与应用研究

代闯闯◎主编

东北大学出版社
Northeastern University Press

图书在版编目（CIP）数据

工业互联网安全技术与应用研究 / 代闯闯主编 .
沈阳 : 东北大学出版社，2024. 9. -- ISBN 978-7-5517-
3663-3

Ⅰ . F403-39；TP393.08

中国国家版本馆 CIP 数据核字第 20240RY853 号

出 版 者：东北大学出版社
　　　　　地址：沈阳市和平区文化路三号巷 11 号
　　　　　邮编：110819
　　　　　电话：024-83683655（总编室）
　　　　　　　　024-83687331（营销部）
　　　　　网址：http://press.neu.edu.cn
印 刷 者：辽宁一诺广告印务有限公司
发 行 者：东北大学出版社
幅面尺寸：170 mm × 240 mm
印 　 张：9.5
字 　 数：151 千字
出版时间：2024 年 9 月第 1 版
印刷时间：2024 年 9 月第 1 次印刷
责任编辑：潘佳宁
责任校对：杨 坤
封面设计：潘正一
责任出版：初 茗

ISBN 978-7-5517-3663-3　　　　　　　定价：68.00 元

编　委　会

前　言

　　工业互联网包括网络、平台、数据和安全四大体系,其中网络体系是基础,平台体系是核心,安全体系是保障。工业互联网安全是工业互联网保障体系,工业互联网安全是工业信息安全的核心,直接决定工业生产安全,更关乎经济发展、社会稳定乃至国家安全。

　　本书内容由浅入深、循序渐进,通过工业互联网的理论知识与学科前沿相结合、现状总结与趋势发展相结合、理论分析与动手实践相结合的方式,生动地展示了工业互联网安全攻防对抗过程,可为不同类型的读者提供所需要的学习资料。

　　本书的内容选取与规划严谨,且具有新思路,相信这本书将对工业互联网安全领域的知识传播、人才培养、学科发展起到一定的推动作用。本书主要介绍了工业互联网安全概述、工业互联网平台安全、工业互联网数据安全、工业互联网云侧的安全防护技术、工业互联网管(网)侧安全防护技术、工业互联网攻击检测。工业互联网安全是一个学科交叉性极强的研究方向。因此,本书的目标受众十分广泛,既包括控制、计算机、网络空间安全等学科的高校学生,也包括相关行业从业者和研究人员等。

　　尽管编者在编写本书过程中付出了很大努力,但由于编写经验和水平有限,书中不足之处在所难免,敬请广大读者批评指正,以期再版时加以改进。

编者

2024 年 3 月

目　录

第一章 工业互联网安全概述

第一节 工业互联网的脆弱性

工业互联网将互联网设备引入工业自动控制系统,并在能源、交通、医疗保健、公用事业、城市、农业和其他关键基础设施部门开展业务,在以前存在一定应用障碍的信息技术(IT)和操作技术(OT)网络之间建立了更为紧密的联系。虽然这些互联网设备的引入创造了新的效率,提高了性能,提高了生产力,增加了盈利能力,但也给工业互联网引入了新的安全脆弱性和安全威胁。

工业互联网是一个系统体系,单个工业互联网系统的体系结构由不同的层组成,每层都执行不同的操作,具有独特的功能特性,并且依赖系统其他层的不同设备和通信协议。由于这些不同层次和功能的独特性,与它们相关的脆弱性和威胁也不同。大型制造企业或组织内部的多方面相关人员都会参与工业互联网的组织、规划和实施,先不考虑技术知识背景如何,要充分认识如果恶意攻击者利用这些漏洞可能造成的灾难性后果,至少需要对工业互联网各层和各子系统相关的安全漏洞和威胁有一定的了解。

数十年来,传统工业过程及其运行的工业控制系统在很大程度上得到了保护,事实上,这些系统通常专属于自动控制系统,其大部分或全部硬件和软件组件都由同一个制造商设计、生产和集成;并在与其他网络物理隔离的封闭操作网络环境中运行;而且这些专门的自动化控制系统的设计初衷,并不支持云通信,而是支持双向通信的开放网络连接并暴露在互联网上。然而,上述三个特征都是工业互联网的核心。

在分析工业互联网安全威胁之前,先讨论一下工业控制系统的安全威胁。工业控制系统是从电力和供应水系统到制造业和运输业等关键基础设施网络的中枢神经系统,传统观念认为,工业控制系统不太容易遭受网络入侵(但并非免疫),因为它们在以往相当长一段时间内是封闭的,是基于专有控制协议和专用硬件及软件的独立系统,并且不连接互联网。传统工业控制系统的信息安全问题不突出,较为明显的原因是其模糊性。但一旦工业过程增加了具备互联网功能的设备,这种情形将会迅速发生变化,无论是工业控制系统设备制造商还是系统操作员,都不能再将模糊性作为工业控制系统安全的"挡箭牌"。工业操作高度复杂的性质,加上控制过程的高容量输出,使其成为整合新兴工业互联网技术的最合适的环境,原因在于这些技术在降低成本的同时,提高了生产效率和生产力。然而,随着用于工业控制过程的低成本的基于互联网协议(IP)的工业互联网设备激增,并引入以往独立的工业控制系统,这些工业控制系统遭受网络攻击的脆弱性也显著增加。工业互联网的一个核心信息安全挑战是长期分离的 IT 和 OT 网络通过互联网连接起来,常见的 OT 网络包括专有工业控制系统、监视控制与数据采集(SCADA)系统、分布式控制系统(DCS)、远程终端单元(RTU)、可编程逻辑控制器(PLC)、制造执行系统(MES)、生产线机器人、设施管理和楼宇自动化系统。传统工业控制系统的脆弱性主要体现在以下几个方面。

(1)体系架构脆弱性。操作网络与现场网络之间的弱隔离,SCADA系统的活动组件之间缺乏认证,缺乏网络负载均衡和冗余备份。

(2)安全策略脆弱性。补丁、防病毒和访问控制策略定义不完善。

(3)软件脆弱性。各类控制软件、应用软件中存在漏洞。

(4)通信协议脆弱性。协议设计初期未考虑保密和验证机制。

(5)策略和流程的脆弱性。不适当的信息安全策略和信息安全架构,以及信息安全审计机制缺乏。

(6)平台脆弱性。工业操作系统、工业软件和微型控制装置的固件等错误配置或操作引起的脆弱性。

(7)工业控制系统网络脆弱性。现场总线网络或各种专用通信网络缺陷、错误配置和不完善的网络管理过程导致的脆弱性。

当一套独立的工业控制系统由一个制造商(如 ABB、Honeywell、Yokogawa、Siemens 等)完全生产时,其通信协议是该特定设备制造商的专有、专用协议,因此,攻击者不仅需要获得专有的工业控制系统软件的副本,还要学习掌握其特定的工业控制及工艺流程知识,才能开发出对该系统有效的恶意软件,但同时也需要发现并利用一个访问机会来传播恶意软件。工业互联网的出现从根本上改变了这种状况,与专有或单一来源的工业控制系统设备相比,工业互联网设备和系统已经由越来越多的制造商协同提供,为了使这些不同厂商的工业互联网组件和设备在同一工业企业中发挥作用,不同制造商生产的硬件和软件组件必须能够成功地相互集成和通信。因此,在工业互联网的技术供给侧,基于标准的互联互通技术发展动力强劲。然而,随着工业协议的标准化程度越来越高,工业网络越来越容易受到网络攻击的影响,而且这些攻击行动可以使用更通用的、极少或不用修改的、可以针对许多不同的工业过程进行攻击的恶意软件,因此,互联互通性的增加意味着脆弱性的增加。

网络安全和数据隐私问题是发展工业互联网技术面临的主要问题,这一点在全球工业界已经形成共识,相关的研究和分析报道材料很多。虽然将具有互联网连接能力的设备引入工业控制过程是工业互联网的一个较为明确的特征,但工业互联网的一些特殊之处,使得对工业互联网系统安全性的思考不同于传统互联网的安全性。这些特殊性来源于工业互联网系统的体系结构、与设备相关的漏洞,以及各种设备之间在不同工业互联网层次的通信。大规模工业生产控制操作非常复杂,依赖多个系统近乎恒定的可用性和可靠性,每个系统都由多个制造商生产的无数组件和模块组成。除此之外,在工业互联网系统不同层次中执行的不同角色和功能,意味着不可能有一劳永逸的安全解决方案。相反,适应特定工业领域或场景的网络安全防护方法变得十分必要。关于工业互联网的架构,目前存在不同的观点,且构建于特定的应用场景中(如定制化设备制造、可复用的生产机器研制、小批量加工工具研发、智能汽车生产线生产、智能建筑施工等)。工业互联网联盟在其最新发布的工业互联网参考体系结构中,描述了一个由边缘层、平台层、企业层组成的三层工业互联网体系结构。不同工业互联网体系结构虽然存在一定差异,但其功能层次的安全漏洞具有共性特征,可以从功能视角研究工业互联网的脆弱性,即识别由于工业互联网系统中某些功能的特殊性质和特定条件而存在的安全威胁和漏洞。工业互联网的脆弱性存在于边缘层、无线传感器网络、网关、中间件、SCADA 和 PLC、分布式存储系统、云计算技术和互操作性中。

一、边缘层脆弱性

工业互联网的边缘层区域某种意义上等同于工业现场控制域,如果将工业互联网系统比作高速公路,边缘层就是高速公路中的橡胶与道路的交会处。在边缘设备中,传感器进行测量,执行器是电子自动控制的部件,传感器和执行器的非常规变化,将会导致设备中发生某些意外动作,如打开或关闭阀门。边缘层由机器、物理传感器、执行器、控制器、智能和连接的边缘节点组成,可以通过有线或无线连接,无线连接通常为蓝牙、Wi-Fi、NRF(2.4~2.5GHz 单片射频收发通信)或 LiFi(可见光通信),收发器可以转换数据协议,或在不同类型的通信数据之间转换,边缘层级的通信控制网络又被称为机器和机器(M2M)的通信,并且与互联网连接极少。机器和机器的通信或设备之间的直接通信,无须人工干预,可以通过越来越多的通信协议进行有线或无线传输。许多工业互联网边缘设备部署在所谓低功耗和有损网络(low power and lossy network,LLN)上。LLN 的计算能力、内存和能量都非常有限。由于其在工业过程中的作用,边缘设备可能是无人值守的,并且可以远程部署在工业操作的边缘地理范围内,典型例子是在天然气远程输送管道上安装的流量监测装置。在工业互联网的边缘区域,对传感器、执行器、控制器和其他边缘设备的最大安全威胁不完全是网络,而更可能是电子的或动能的干扰,这些干扰是损坏、瘫痪、破坏或摧毁设备的物理攻击。虽然很多关于工业互联网安全的研究都关注网络攻击的风险,但对电子攻击和动能攻击的威胁重视不够,尽管工业互联网物理边缘的设备由于其远程部署和相对不可访问性而极易受到物理攻击。

二、无线传感器网络脆弱性

无线传感器网络(WSN)代表工业互联网系统中边缘层的一个定义特性,工业互联网系统的最底层,本质上是一个集成了无线传感器的网络,该网络提供了工业生产控制的全环节透明性和对地理分散区域的复杂工业操作状态的掌控能力,如在石油、天然气管道的场景中,生产控制流程可能涉及数百千米的地理分布。在一个特定的工业互联网系统中，可能有数百个，甚至数千个小型的、分散的、低功耗的传感器，用于工业质量、状态控制、交通监控、野生动物监测、灾害应对、军事勘察、智能建筑、战场审查、森林火灾探测、湿度记录、洪水探测、温度记录、压力监测和配电区域内光照监测等多种用途。诸如 ZigBee、蓝牙低能量（BLE）和基于低功耗无线个人区域网的 IPv6 等通信技术的进步，是使无线传感器网络能够作为工业互联网系统的一部分发挥作用的关键因素。

造成 WSN 脆弱性的因素包括：许多无线传感器网络设备使用开放的无线信道，加上传感器节点的功率、计算和内存限制，使得 RSA 等公钥密码算法不适合在无线传感器网络环境中使用。典型的 IP 互联网安全措施，如加密和数字签名，并不适用于低功率/低带宽的工业互联网边缘层设备。虽然工业无线传感器网络中的传感器、执行器和控制器等，通常不如工业互联网系统中的其他装置和设备复杂，但这并不意味着它们不重要。例如，如果一个炼油厂中控制多个阀门的智能传感器发生故障，可能导致其他设备的连锁反应，从而导致整个系统出现故障。

无线传感器网络可以成为被动或主动网络攻击的目标，被动攻击包括监视和窃听、假冒、节点捕获和欺骗。针对无线传感器网络的主动攻击类型包括 sinkhole 攻击、感应数据攻击、黑洞攻击、灰洞攻击、伪造路由、干扰、选择性转发攻击、虫洞攻击、"Hello flood"信息泛洪攻击，针对无线传感器网络的被动攻击和主动攻击通常都需要近距离访问目标设备。例如，执行"Hello flood"信息泛洪攻击的恶意行为攻击者，在目标网络的通信范围内使用更强大的无线收发器，并产生大量"Hello"包。被动攻击与主动攻击一样令人担忧，部分原因是成功的被动攻击可以引发后续的主动攻击，例如，节点捕获不仅使攻击者能够捕获加密密钥和协议状态，而且还可以恶意复制其捕获的数据，进而模仿控制网络中的合法设备进行欺骗和其他恶意攻击。

三、网关脆弱性

无线传感器网络设备之间使用非 IP 通信协议进行通信，来自边缘的原始数据通常不会被聚合，而是会未经处理地被传递到工业互联网系统的更高层次网络中。这些边缘数据的传递过程将通过网关实现。工业互联网的网关包含基于现场总线的接口、协议和数据采集及处理功能，最重要的是网关提供协议数据转换能力，可以对各种工业控制协议进行适配。而工业互联网生产控制现场的通信过程非常强调实时性、低时延，因此这种协议转化过程几乎不设任何安全防护手段，已有的加密、访问控制手段很难应用于工业控制现场共存的多样化控制协议网络环境中。因此，网关一侧的恶意报文、嗅探报文、重放报文甚至攻击包等非常容易映射到网关另一侧，成功实现跨网、跨域的嗅探和攻击，也就是"穿透"攻击，并且很难被检测和发现。

四、中间件脆弱性

在工业互联网系统中，中间件是连接操作系统或数据库及其应用程序的软件，工业互联网系统中使用的中间件有时也被称为"雾计算"，因为其存在于系统操作员和云端之下，但位于边缘层设备之上。工业互联网的网关存在于雾计算层中，并参与雾计算层的上下两层之间的互通。工业互联网系统中所有设备生成的数据量非常惊人，将所有这些数据信息聚合到云端，将在存储、计算和电力方面产生非常昂贵的开支，这就是雾计算产生的基本需求。与云计算一样，雾计算也用于工业互联网系统中存储和共享数据，但其位置更靠近工业互联网系统中的数据源，并具有足够的延迟，使得针对更接近工业边缘的时间敏感数据进行高效处理成为可能。工业互联网中的雾计算的六个主要功能如下。

（1）高性能实时工业大数据挖掘。

（2）从多种类型的工业现场传感器、机器人和机器进行并行数据采集。

（3）快速处理感测数据，在可接受的延迟内为执行器和机器人生成指令。

（4）通过必要的协议转换和映射连接不兼容的传感器和机器。

（5）解决系统电源管理问题。

（6）数据结构化和过滤等预处理，以避免向控制核心和云端发送不必要的数据。

工业互联网中的雾计算，必须面对的脆弱性主要来自软件、数据和源数据，以及计算、网络和存储资源与服务。工业互联网中的雾计算节点存在物理暴露和安全边界的开放性,因而威胁将产生于物理安全、通信安全、计算安全等方面。此外,在工业互联网发展过程中,从节约成本开销考虑,原有的老旧遗留应用将会对现有的计算和存储设备进行复用,然而遗留设备在设计时没有考虑开放与雾计算相关的安全防护机制,难以简单地用叠加防护设备的方式确保安全性;异构协议和操作流程之间一般不会考虑安全通信加固机制,容易遭受欺骗和重放攻击,需要重新设计。

五、SCADA 和 PLC 的脆弱性

工业 SCADA 系统是生产制造控制系统的中枢神经系统,操作人员坐在控制中心机房的控制台前,以图形化的系统动态运行表征过程为基础,使用 SCADA 硬件和软件监视、管理和控制工业生产过程。传统的工业 SCADA 网络依赖其专有协议的使用和与其他协议的分离,提供安全的网络。制造业企业可能面临针对工业 SCADA 系统中常见的 Modbus、DNP3 和 IEC-60870-5-014 协议的攻击。在工业互联网时代,由于支持互联网的工业控制设备被整合到工业过程中,随着制造业越来越多地基于 IP 的信息物理系统的发展,漏洞将随之增加。轨道交通控制系统、智能配电管理系统等工业互联网系统中包含的 SCADA 系统,由可编程逻辑控制器(PLC)的下位机控制器、PLC 与远程终端单元(RTU)、人机界面(HMI)和现场总线系统集成,并构成 SCADA 系统的主体。最早于 1968 年出现的 PLC 系统彻底改变了工业控制过程,在此之前的自动化工厂依靠专用控制器、继电器和固定电路来实现生产过程的自动化控制,定期更新这些装置将耗费大量的人力、物力和财力。PLC 负责工业过程中的命令分解。例如,如果一个局部电网需要在整个电网中减少 100MW 的负荷,PLC 会将这个原始命令分解成整个电力控制网络的一系列子控制命令,而针对 PLC 的攻击可以通过多种方式进行。网络入侵可以针对 UDP、TCP、SIP、DNS 和 FTP 等通信控制协议实施,与 PLC 相关的一个已知安全脆弱性是命令分解攻击,一种方法是攻击者通过恶意篡改已分解的命令,从而以攻击者恶意期望的、非正常的方式操纵控制过程;另一种方法是在设备被引入目标系统之前将恶意代码植入,许多研究分析认为,这种方法就是 2010 年震网病毒(Stuxnet)攻击伊朗铀浓缩设施中,针对控制离

心机的西门子 PLC 的攻击手段,而那个设施本身并没有连接互联网。

六、分布式存储系统的脆弱性

工业互联网时代,大型制造业企业更趋向于将传统的现场数据存储模式迁移到在线存储解决方案。分布式和网络化存储技术的发展促使工业互联网系统可以处理非常庞大的数据集,同时实现系统的可扩展性。工业互联网系统生成并采集、分析、处理和存储大量生产制造数据,分布式存储使应用程序能够在云端运行,大量的数据上传和存储在云端。促进分布式存储系统[如 Hadoop 分布式文件系统(HDFS)]产生的原因包括存储成本的降低与带宽容量、计算能力和存储容量的增加。分布式存储系统的一个明显缺点是,为潜在攻击者提供了多个攻击对象。对几起网络攻击事件的研究分析结果表明,分布式和网络存储系统已成为恶意行为者非常有价值的攻击目标,因为有价值的数据往往就在其中。通过主动攻击、被动攻击、拒绝服务、伪造、重放和流量分析等技术,恶意入侵者可以攻击分布式存储设备、系统、相关应用程序和网络。

七、云计算技术的脆弱性

在工业互联网技术出现之前,云存储作为本地存储的一种经济高效的替代方案,且无须自己执行硬件升级、软件更新、专用数据库管理员等,吸引了许多公司的关注。虽然云在工业互联网中扮演着中心角色,但其主要的安全脆弱性表现在工业互联网系统运营商将保护数据安全的责任转移给云服务提供商(CSP)。如表 1-1 所示,世界范围内的云服务提供商在数据安全方面已发生多起安全事件。

表 1-1　云服务提供商导致的安全事件

时间	云平台入侵事件
2013 年	云计算笔记应用 Evernote 遭到黑客攻击,约 5000 万名用户信息泄露
2014 年	苹果公司 iCloud 存在的漏洞,导致包括名人在内的大约 500 张私人照片被泄露
2016 年	5 亿个雅虎账户遭黑客攻击
2016 年	世界反兴奋剂机构的数据库被俄罗斯"花式小熊"组织入侵,大量机密医疗数据被公开曝光

表1-1(续)

时间	云平台入侵事件
2016 年	俄罗斯 Cozy Bear 和 Fancy Bear 组织的针对 6 万封私人电子邮件的大型网络钓鱼行动,其中包括美国民主党高层的邮件
2016 年	针对 Dyn 的 DNS(域名系统)基础设施的严重 DDoS 攻击,包括 Twit-ter、Netfix 和 Reddit 等公司都遭遇服务中断
2016—2017 年	玩具公司宠物云的数据库遭到攻击,大量用户私人数据信息被泄露
2017 年	Cloudflare 是世界上使用最广泛的 CDN 服务商,由于其 HTML 解析服务器的一处内存泄露 Bug,导致访问使用 Cloudflare CDN 服务的网站的用户,诸如 Session 等安全信息被泄露并出现在其他不相关的访问者的页面中,并有可能被搜索引擎缓存下来
2017 年	谷歌网络钓鱼诈骗使 100 万个谷歌文档云存储用户受到影响

云计算不仅用于数据存储,而且越来越多地被用于软件应用程序、平台和虚拟基础设施。在工业互联网时代,SCADA 系统也可以基于云计算实现,与基于云的 SCADA 系统相关的一个重大风险,涉及与远程受控设备的通信,因为这些通信可能是通过不安全的卫星或无线信道进行的。

八、伴随互操作性产生的脆弱性

与传统工业控制系统的大多数组件通常由同一制造商生产不同,工业互联网不仅代表融合,同时也包括由越来越多的大小制造商生产的网络物理系统、硬件和软件的同步。传统工业控制设备和工业互联网设备的另一个区别是通信协议不再是专有的,类似 Raspberry Pi 和 Arduino 这样的开放平台,以及 Modbus、MQTT、REST、WebSocket 等标准化协议,使得工业互联网设备制造商能够高效、便捷地构建可以集成到工业互联网系统中并在其内部运行的设备。开放平台和标准化协议有助于集成和操作不同厂商的工业互联网组件,大量使用开源的第三方功能组件、模块快速开发迭代新产品已经成为工业互联网产品开发的主流模式。而这种开放性和互操作性,产生了大量同源、异构和跨平台的软件套装或开发模块并应用于工业互联网中,同时也使恶意攻击者的攻击行动变得相对容易,原因在于开放组件、开放平台或开放协议中存在的漏洞,同样会在使用这种组件、平台或协议的多个系统中存在。并且,第三方开源模块中被恶意植入的恶意代码,经过数次调用或跨平台编译后有可能始终存在,于是极大地扩展了攻击面和影响产品范围。

第二节　工业互联网的安全风险

工业互联网打破了传统工业的封闭环境,其范围、复杂度和风险会产生更大的影响,随着工业系统信息化程度的不断提高,针对工业系统的网络安全问题开始不断暴露,网络安全风险将成为工业互联网最主要的安全风险。当前,在工业互联网的发展过程中主要面临着设备层、控制层、网络层、应用层以及数据层五个方面的安全风险问题。

一、设备层的安全风险

传统工业设备以机械设备为主,设备关注物理和功能安全,未来生产装备和产品将越来越多地集成通用嵌入式操作系统及应用软件,同时这些设备也将随着工业互联网的深入而开放,越来越多的工业设备都将暴露在网络攻击之下,因此设备的安全防控刻不容缓,设备的安全风险主要体现在以下方面。

（一）芯片的安全风险

芯片的安全风险主要指核心元器件安全风险。当前,很多核心芯片(如 CPU、内存等器件)大部分都来自国外,而芯片本身漏洞隐藏得比较深,平时很难被发现,一旦发现芯片漏洞甚至后门,无疑会对终端的安全性造成极大的危害,同时该漏洞很可能将长期存在并无法修复,典型事件是 2016 年 Intel 的芯片后门事件,Intel Core vPro 处理器包含一个远程访问功能,即使在计算机关机的情况下,也可以准确地访问该计算机。Core vPro 包含一个独立的物理处理单元(ME)并嵌入在 CPU 中,ME 拥有独立的操作系统。只要电源充足,该 ME 即可以系统的幻影权限(System's Phantom Power)运行,并访问任何硬件。

（二）固件的安全风险

在以微控制器为核心的工业设备中,固件主要用于实现工业设备的全部功能,不但提供硬件初始化、操作系统加载的功能,同时也为上层软件有效使用硬件资源提供调用接口,因此,固件是工业设备系统的重要组成部分。固件作为工业设备的重要组成部分,以灵活、多样的存在形式更加方便了用户的使用,但同时也为工业设备的安全带来了极大的隐患,比如通过提取工业设备固件然后逆向固件代码再反编译更改相应参数、向工业设备固件插入恶意代码从而改变整个系统执行流程或者通过使用没有经过厂商认证的固件程序进行升级等,这些都将威胁到工业互联网,并对工业互联网造成极大的安全威胁。

（三）操作系统的安全风险

操作系统是工业设备的核心部件,所有的应用程序都在操作系统之上运行,操作系统向上承载应用、通信等应用功能,向下承接底层资源调用和管理。当前主流的工业设备操作系统基本上都是开源的 Linux 操作系统,开源虽然能够极大降低开发成本,但是其本身的安全风险不容小觑,比如已知和未知漏洞风险、安全和健壮性的缺失以及缺乏对操作系统行为的监控。尽管大部分工业设备厂商并不具备自己开发操作系统的能力,但是考虑到工业互联网的特殊性,在选择并使用操作系统时除了要考虑成本、易用性、商业生态等方面的因素外,还需要对安全性做特别关注。

（四）应用的安全风险

应用的安全风险主要指应用程序自身的漏洞。目前,很多工业设备生产厂商普遍缺乏安全意识和安全能力,在应用软件的设计和开发过程中并未做任何的安全考虑,导致软件存在编码或者逻辑方面的安全漏洞和缺陷,可能使攻击者在未经授权的情况下非法利用或破坏软件。部分生产商为了节约开发成本,直接调用第三方未做任何安全检查的组件,给工业设备带来了极大的安全风险,很可能会引入一些公开的软件漏洞,极易被黑客利用。一旦这些漏洞被利用,同类设备都将遭受影响。另外,针对工业设备上安装的业务应用,普遍没有做相应的识别和控制机制,例如应用软件的来源识别、应用软件的安装限制、对已经安装的应用软件的敏感行为控制等,容易被攻击者安装恶意程序或进程来实施攻击。

多数工业设备涉及生产环节,其安全性至关重要。工业设备应加强自身安全性,尤其应重点关注芯片和操作系统的安全。从前面的安全事件上也看得出来,有的事件是由芯片自身的漏洞所引起的。目前我国大部分设备中的芯片都来自国外,操作系统虽然使用开源操作系统,但无论从开发质量还是从自主可控角度上看,仍然存在较大的安全隐患,因此这两部分的安全需要得到格外的重视。

二、控制层的安全风险

当前,工厂控制安全主要关注控制过程的功能安全,对于网络安全的防护能力不足。现有控制协议、控制软件等在设计之初主要基于 IT 和 OT 相对隔离以及 OT 环境相对可信这两个前提,同时,工程控制的实时性和可靠性要求高,诸如认证、授权、加密等需要增加开销的网络安全功能被舍弃,因此也就极大增加了控制层面的安全风险。

(一)身份的合法性

身份的合法性主要包括控制设备的合法性以及设备内运行的软件的合法性。如果可以在控制层上随意安插未知的控制设备,该未知的控制设备可能直接接管了大量工厂生产设备,这样会对整个工业互联网控制层的网络安全造成非常大的隐患。除此之外,控制设备自身软件的合法性也需要得到关注,例如控制设备的软件升级,所要升级的软件是否为合法软件、有没有被篡改、有没有插入一些恶意程序,这些都将给工业互联网造成潜在安全风险。身份的合法性除了包括控制设备合法性外,操作员的合法性也是必不可少的,很多工业控制系统在操作的时候仅仅是对用户和密码进行验证,并没有对操作者身份进行识别和验证,这样做安全隐患较大,试想一个攻击者如果通过社会工程学的手段得到工业控制系统的用户名和密码,再进行一些破坏活动,那么所造成的严重后果可想而知。

(二)权限的适度性

随着工业互联网 IT 和 OT 网络的融合,控制设备能够直接访问 IT 网络变成现实。目前国内外已经有大量的 PLC 直接暴露在公网上,成为攻击者的攻击目标,而这些控制设备通常情况下并不应该暴露在公网上。控制设备访问权限的缺失导致这些控制设备直接暴露给攻击者,攻击者可以轻易地通过 IT 网络实现对控制设备注入恶意程序、窃取敏感生产数据甚至改变正常生产作业程序,从而达到破坏工业生产的目的。

工业控制系统自始至终都是攻击者最热衷的攻击对象,从以往曝出的工业互联网安全事件上就能看得出来,大部分是针对工业互联网控制层的攻击,其中针对 SCADA 系统的攻击最多,并且攻击者除了使用各种攻击技术外,还会使用社会工程学的方法,因此身份和权限在控制层的重要性就显而易见。但是身份和权限的范围并不应只局限于设备和操作员,同时应该扩展到工控系统的软件和升级等其他领域,确保设备、系统软件和操作员这三者的身份与权限的合法性、正确性,这才是降低控制层安全风险的关键。

三、网络层的安全风险

工厂网络正在向"三化(IP 化、扁平化和无线化)＋灵活组网"的方向发展,将会面临更多的安全风险。当前,针对 TCP/IP 的攻击方法和手段已经非常成熟,这些方法和手段很容易被直接利用到攻击工业互联网中。同时,网络灵活组网的需求使网络拓扑的变化更加复杂,且 IT 和 OT 网络的融合,在无形中又极大地增加了安全风险。

(一)边界的安全风险

工业网络的扁平化与无线化,使得原有的网络边界逐渐模糊,传统的边界安全概念已经不适用于工业互联网,在这样的背景下,传统边界安全正在向微边界甚至无边界方向发展。

工业互联网网络边界安全风险体现在如下三个方面:首先,网络边界的扩大、分散和不确定,导致无法找出边界从而造成边界隔离困难,增加边界安全风险;其次,可接入工业互联网的网络设备数量逐步增加,而且设备种类繁多,网络边界准入、认证和授权等都增加了难度,从而使边界安全风险变得更加不确定;最后,工业互联网各种设备,包括生产设备、控制设备、边缘计算设备、网关设备等各种设备的身份识别和验证困难,也极大增加了边界的安全风险。

(二)传输的安全风险

由于工业生产对于实时性和可靠性要求非常高,同时长期以功能安全为主,因此对于增加传输的开销、降低实时性的要求是无法接受的,这样也就导致各种设备在传输过程中都采用明文,并未进行任何加密处理,使网络传输面临极易遭受中间人攻击、网络劫持等安全风险。

（三）协议的安全风险

当前,工业互联网中存在大量的工业特有协议,尤其是现场层和控制层存在大量的工业特有协议,比如 Modbus、CAN 等。由于这些总线都应用在相对封闭的环境中,加之工业设备计算能力有限,同时工业网络本身对实时性和可靠性要求高,也注定了这些工业特有协议具有协议简单、速率低和无法忍受高开销带来的延时等缺点,因此采用的安全防护措施较弱,只做了简单的校验措施,而未做机密性保护,所以不能抵御攻击者进行的有针对性的传感器信息采集、报文协议分析、攻击报文构造和报文重放等攻击。

工业互联网的网络是非常复杂的,尤其体现在协议层面上,各种工业协议比比皆是,且出于实时性考虑,大部分在设计之初就没有将网络安全考虑进去,随着工业互联网 OT 网络的开放,安全风险逐渐暴露出来。此外,无线技术的应用,使得工业互联网网络边界模糊,针对区域网络边界的安全防护和逻辑隔离变得格外困难,进一步增加了安全防护难度。

四、应用层的安全风险

网络化协同、服务化延伸、个性化定制等新模式、新业态的出现对工业互联网网络安全提出了更高的要求。当前支撑工业互联网的应用除了 MES、PDM 和 PPS 等管理软件外,随着移动化的深入,越来越多的现场监控设备采用 Android 移动终端,因此也非常有必要将工业 App 纳入考虑范围之内。

（一）管理软件的安全风险

随着工业互联网 IT 和 OT 网络的融合,更多管理软件的使用逐渐从封闭环境向开放环境转变,因此在传统开放环境中管理软件可能面临的安全风险,在工业互联网商业软件中也都有可能发生,这些风险包括注入、失效的身份验证、失效的访问控制、组件漏洞、不足的日志监控和记录等,这些安全风险都将影响商业软件（无论是 IT 软件还是 OT 软件）的正常运转,一旦某管理软件失效,都将对工业生产造成影响。

（二）工业 App 的安全风险

目前，大多数工业 App 并未做任何基础软件防护和安全保障。黑客只需要对这些没有进行保护的 App 进行逆向分析挖掘，就可以直接看到工业互联网云平台的接口、参数等信息。即使有些工业 App 做了一定的安全防护，但由于安全强度不够，黑客只需具备一定的技术功底，仍然可以轻松发现工业 App 内的核心内容，包括存放在工业 App 中的信息，如密钥、重要控制接口等。

（三）标识解析系统的安全风险

工业互联网标识解析是工业互联网实现全要素互联互通的重要网络基础设施，为工业设备、机器、零部件和产品提供编码、注册与解析服务，是平台、网络、设备、控制、数据等工业互联网关键要素实现协同的"纽带"。工业互联网标识解析体系是在以互联网 DNS 和 Handle 解析技术为原型的基础上，用来设计和构建工业领域的分布式大型数据库系统。我国工业互联网标识解析体系采用兼容 GS1、Handle、OID、Ecode 技术方案，由国际根节点、国家顶级节点、二级节点、企业节点、递归节点等要素组成。

从风险分析视角，工业互联网标识解析系统的安全风险主要包括架构安全风险、身份安全风险、数据安全风险、运营安全风险四大风险对象。架构安全风险包括节点可用性风险、节点间协同风险、关键节点关联性风险、新技术风险等，身份安全风险包括涉及人、机和物三种角色的身份欺骗、越权访问、权限紊乱、设备漏洞等，数据安全风险包括涉及标识注册数据、标识解析数据和日志数据的数据窃取、数据篡改、隐私数据泄露、数据丢失等，运营安全风险包括物理环境管理、访问控制管理、业务连续性管理、人员管理、机构管理、流程管理等风险。

（四）工业平台的安全风险

工业平台的安全需要将重点放在数据的安全性和平台自身的安全性上。首先，数据的安全性是用户最为关注的问题，而数据不仅包括工业互联网的生产数据，还包括设备自身数据、网络传输数据和应用软件自身产生的数据等，如果这些数据丢失、泄露或者被篡改，不但会对生产制造造成影响，同时也可能威胁到整个工业互联网的正常运行。其次，平台自身的安全性也是用户极为关注的,现在各种应用都在云上运行,各种数据也都存储在云端,云一旦被攻击或者运行异常,整个云上的应用都会受到不同程度的影响,比如针对服务器的 CC 攻击,将会消耗大量的服务器资源,会直接导致服务器响应速度变慢,由于工业生产系统对实时性要求较高,一旦延时过大,将直接对生产制造产生毁灭性的打击。

云平台在工业互联网中占据举足轻重的地位,是整个工业生产制造的核心,所有管理软件都运行在工业云平台上,因此工业云平台的安全性就变得格外重要,同时也是整个工业互联网应用安全的重中之重。云平台的安全风险的主要关注点应放在云平台受到攻击而导致全部或者部分业务中断以及云平台发生数据泄露的安全风险上。除此之外,随着工业移动检测、监控终端的应用,大量工业 App 也将成为必不可少的应用软件,先前对于工业 App 的重视不够,这主要是由工业领域封闭性造成的,工业互联网普及带来了极大的开放性,工业 App 的安全风险也就成为重点关注的领域。

五、数据层的安全风险

工业数据由少量、单一、单向正在向大量、多维、双向转变,具体表现为工业互联网数据体量大、种类多、数据结构复杂,并在 IT 层和 OT 层、工厂内外双向流动共享。工业领域业务应用复杂,数据种类和保护需求多样,数据流动方向和路径复杂,重要工业数据以及用户数据保护难度非常大,所以应该站在数据全生命周期角度上看待数据安全风险。

（一）生成的安全风险

工业互联网数据的生成是多维度的,因此源头众多且数据多样。随着工业互联网的推进,数据势必会呈几何倍数级增长,确保数据生成并采集的可信与真实成为数据安全风险的首要一环。

（二）存储的安全风险

数据生成并准确采集后,必须进行存储。当前主流的存储方式是数据云存储技术,以多副本、多节点、分布式的形式存储各类数据。这样的数据多集中存储,一旦发生非法入侵和信息泄露将是致命性的。

（三）使用的安全风险

当前越来越多的行业将数据作为战略性资源,在数据查询、访问过程中,不严格的访问权限会导致数据泄露,同时,在跨应用、跨部门甚至跨企业的数据使用过程中,不可避免地会涉及数据被多方存储,这些也同样会造成数据泄露。

（四）传输的安全风险

在数据被从存储读出并进行计算和分析的过程中,操作人员可能会失去对数据安全性的控制,进而导致对安全边界之外的数据也缺乏必要的控制,因此,在各个工业互联网内的机密信息不断双向传输到工业互联网云平台的过程中,如何确保数据传输中的机密性和完整性是一个重要挑战。

（五）共享的安全风险

数据共享可能发生在工厂内部,如跨部门之间的数据共享,也可能发生在工厂外部,如各个工厂之间的数据共享,这些数据势必被其他部门或者工厂存储,同时也可能会有不同角色的人看到这些数据,势必会增加数据泄露的风险。

（六）销毁的安全风险

数据在工业互联网平台删除不彻底,可能会造成敏感数据泄露。在云环境下,用户失去了对数据的物理存储介质的控制权,无法保证数据存储的副本同时被删除,导致传统删除方法无法满足大数据安全的要求。因此,如何保证应被删除的数据被彻底删除,即保证数据可信删除,是一个重要挑战。

工业互联网数据的重要性不言而喻,大量的操作数据和管理数据都会在工业互联网中流动,数据安全风险既贯穿了整个工业互联网,也贯穿在数据整个生命周期中。其中,数据的生成和传输过程中的安全风险是格外重要的,这和工业互联网设备和网络的特殊性密切相关。当前很多工业设备资源有限,并且工业协议具有实时性的特点,在设计之初也没有考虑网络安全,因此能使用的安全防护技术也是非常有限的,同时这些设备和协议也将在很长一段时间存在,在可见的将来,数据生成和传输的安全风险将一直存在。

第三节 工业互联网面临的威胁

一、网络入侵

网络入侵是指潜入网络刺探或搜集信息，但并不增加或修改数据，也不破坏或干扰网络设备。鉴于从网络获取情报比人工获取情报容易，代价也小得多，各国情报部门和非国家行为体都特别重视从网络获取各种情报。因此，网络入侵行为急剧增加。

二、恶意软件

恶意软件通常包括病毒与蠕虫、特洛伊木马与逻辑炸弹、信息垃圾与捕获程序。

（1）病毒与蠕虫是指利用非法渠道在网络上传播、对计算机及其系统加以破坏的程序。20世纪80年代开始兴起并广泛传播，引起较多关注的主要包括：“莫里斯”蠕虫，导致6000多个系统被感染，占当时互联网的1/10；“梅丽莎”病毒，在4天内感染10多万台主机；“红色代码”病毒，在14个小时内影响了15万台计算机系统；“尼姆达”将计算机蠕虫和计算机病毒结合到一起，在持续数天的攻击中，86万台计算机受到攻击；“震网”病毒，被用于攻击伊朗核设施，因其技术复杂、针对性强而被认为掀开了利用网络空间的新篇章。

（2）特洛伊木马与逻辑炸弹是依附在程序或系统中的破坏性代码，在特定条件下进行破坏。

（3）信息垃圾是指商家为推销产品而向用户发送的大量电子邮件，只能带来一些小麻烦。

（4）捕获程序是当前最为普遍的在线诈骗方式之一，用以捕获用户的个人信息，诱骗用户进入看似合法的网页，从而骗取用户的账户名和密码。

这些恶意软件通常通过漏洞侵入、后门植入、硬件注入、接收路径传入等方式，对计算机系统进行破坏。

三、网络攻击

迄今为止，真正意义上的“网络战争”并未发生，但网络攻击却多次出现,并且"战果"卓著。2003 年 3 月,美军在开始常规攻击之前,侵入伊军专用军事保密网络,向数以千计的伊军军官发送电子邮件,劝其将坦克和其他装甲车辆整齐地停放在基地外面并远离它们,获得成功后,致使伊军部队未经交战就消失得"无影无踪"。2007 年 9 月 6 日,以色列战机通过发动网络攻击骗过叙利亚防空网,毫发无损地摧毁了叙利亚境内的"核设施"。在 2008 年 8 月 7 日爆发的俄格冲突中,俄罗斯对格鲁吉亚实施了持续、复杂和高强度的网络攻击,致使格鲁吉亚丧失对本国".ge"域名的控制权,被迫将许多政府网站转移到国外的服务器上,但俄罗斯随即改变攻击路径,假装是来自格鲁吉亚的网络攻击,结果触发了多数国外银行的自动保护机制,关闭了它们与格鲁吉亚银行的连接,致使格鲁吉亚银行因无法访问欧洲的结算系统而业务瘫痪,不但信用卡系统停止工作,移动电话系统也随之崩溃。尽管网络战争至今尚未发生,但网络战争的威胁确实存在。有的国家从 20 世纪 90 年代开始培养网络战士,至今已建成较大规模的网络空间作战部队、军种网络司令部和联合网络司令部,并经常进行网络空间作战演习,一旦需要,即可打响网络战争。

四、网络漏洞

计算机系统的安全脆弱性意味着软件和硬件中存在允许未经授权的网络进入能力,在 2000—2002 年出现了显著的增长,弱点的数量由 1090 个增加到 4129 个。即使软件和硬件被整合进一套运行系统,它们仍然处于被恶意篡改的风险之中。一些国家使用的信息技术产品大多数是在海外制造和组装的,这些产品是否带有不可预知的风险,值得怀疑。我国缺乏拥有自主产权的计算机核心技术(芯片),绝大部分计算机采用外国核心技术,这也为我国网络安全埋下了隐患。因此,计算机安全的新脆弱性总是会不断出现。要确保网络和系统的安全,就必须持续不断地升级防护措施,而不能仅靠现有的安全防护手段。

五、人为威胁

随着工业与 IT 的融合,企业内部人员(如工程师、管理人员、现场操作员、企业高层管理人员等)的"有意识"或"无意识"的行为,可能会破坏工业系统、传播恶意软件、忽略工作异常等，而针对人的社会工程学攻击、钓鱼攻击、邮件扫描攻击等大量攻击都利用了员工无意泄露的敏感信息。因此，在工业互联网中，人员管理也面临着巨大的安全挑战。

六、自然威胁和意外威胁

自然威胁指能够损害和破坏网络空间的威胁，包括洪水、飓风、太阳耀斑、闪电、龙卷风等。意外威胁是以多种形式出现的难以预测的威胁，包括无意传播病毒、锄耕机挖断光纤电缆等。

第二章　工业互联网平台安全

第一节　工业互联网平台

一、工业互联网平台的发展阶段

在工业 4.0(第四次工业革命)时代,将物理和网络组件融合在一起,从数据中洞察工业过程,实现生产率、效率和可靠性的提高,已成为一种趋势。工业互联网平台(IPs)管理物理和网络组件之间的交互,它是工业互联网运行的核心。近十年来,世界各国工业界在工业互联网平台方面已经开展了大量的工作,如 GE 公司的 Predix,ABB 公司的 ABB Ability,西门子公司的 MindSphere,PTC 公司的 ThingWorx 等。当前主流的工业互联网平台扩展了管理领域,覆盖了产品生命周期的所有阶段。例如,西门子公司开发的 MindSphere 工业互联网平台,实现了约 100 万个设备和系统的互联,并为这些设备提供预测性维护服务。工业互联网平台将物理和网络组件连接在一起,无处不在地为制造系统提供资源、数据和知识,已成为学术界和工业界的一个新兴热点。

工业互联网平台主要关注智能产品的维护,而对制造系统运转的研究很有限。制造系统的运行通过各种企业信息系统实现,包括人力资源管理(HRM)系统、客户关系管理(CRM)系统、企业资源计划(ERP)系统、制造执行系统(MES)等,这些企业信息系统之间的协作很困难,因为通常由不同的公司在不同的时期开发,造成很多信息孤岛。而同样需要注意的是,企业信息系统应该与其他系统协作,以满足快速变化的市场需求。例如,产品设计师将考虑从客户关系管理系统中获得客户的偏好信息,客户数据应与设计数据相融合,支持协同优化。为符合主动协作方案的要求,不同的企业信息系统应该可以协同操作并连接在一起,从而形成一个有效的企业管理信息系统框架,这对于将整个供应链中的企业整合起来为客户提供服务具有重要意义。而这种需求反过来将导致向更具合作性的信息/知识驱动的企业信息系统环境不断演变。工业互联网平台将物理和网络组件集成在一起,削弱了不同企业信息系统的边界,从而构建了一个可重新配置和无处不在的服务环境,为端到端协作提供了良好的条件。

按照工业部门需求和技术形态实际发展情况划分,工业互联网平台的发展大致经历了三代。

第一代工业互联网平台本质上是一种具有多个企业信息(如企业资源计划、制造执行系统、供应链管理)的 SaaS(软件即服务)模型的系统,协作实现支持制造系统的操作。这些企业信息系统是面向云计算架构开发的,并在 PaaS(平台即服务)平台上实现(例如,Windows Azure、Google App Engine 和 Force. com 网站)为企业经营服务。典型的第一代工业互联网平台有:工作流管理系统(WFMS),通过提高信息可用性、流程标准化、自动分配任务并跟踪流程相关信息和每个实例流程的状态实现提高流程效率;面向客户关系管理系统的 SaaS,使用跨行业的数据挖掘标准流程(CRISP-DM)方法管理现有客户并探索进一步的商机;基于 SaaS 平台的业务流程管理系统,以减少业务任务对环境变化的响应时间。此外,为管理 SaaS 平台上的不同企业信息系统,国外研究机构提出了一种混合无线网络集成方案,根据服务访问要求和用户安全凭证筛选出合适和可用的云服务。通常,这些工业互联网平台是由不同的供应商在不同的时期,使用不同的软件架构开发的,随着工业数据共享和分析需求的发展,SaaS 模式难以适应企业信息系统的快速发展。

工业大数据的指数级增长推动了工业大数据分析平台的出现,即第二代工业互联网平台。在数据分析过程中,目前的研究主要集中在数据建模、提取、集成、转换和预处理的效率方面。事实上,数据在企业内部通过系统集成方法,实现精细化管理和优化是很重要的。国外研究机构研究了在工业大数据语法集成的企业应用场景中,通过不同数据库间的等同映射进行数据集成的可行性。然而,随着工业大数据量的不断增加,传统的数据集成框架已经不能满足数据请求、查询和分析的需求。为了获取涉及隐私问题的大规模异构工业大数据,工业界的研究人员提出了基于雾计算的工业大数据集成与共享系统,用于传输中间数据分析结果,实现分布式数据分析与集成。公开报道显示,国内外在第二代工业互联网平台方面的主要研究成果有:从企业信息系统的不同数据集中提取数据的细粒度分布方法;在数据集成方法方面,通过将 reward-complement balanced(奖励补偿平衡)数据集转换为多个平衡数据集后,大量利用特定分类算法构造的分类器被构建出来,并用特定的集成规则对分类结果进行组合;专门用于海洋环境数据的清洗、转换和集成的新型数据仓库系统技术,并提供数据访问接口;在 Apache Spark 平台中应用新的并行随机森林算法,改进了用于大数据集成学习的算法;可以集成结构化和非结构化异构原始数据的创新设计方法;用于并行学习和分布式数据学习的有效的决策树合并方法;地球大数据分析与应用项目;具备描述性、预测性和规范性特点的大数据分析框架,该框架可以将从数据中提取的知识与相关的行为联系起来;利用神经网络模型分析数据集的方法,该方法涉及数据挖掘和故障诊断。在工业互联网平台的第二阶段,大数据平台正逐渐成为构建不同类型的企业信息系统的基础,并成为通过大数据分析实现更好的协同优化能力的核心技术之一。然而,在工业 4.0 时代,制造系统在不断变化的动态环境中面临着新的挑战,因此,仅靠集成不同企业信息系统的大数据平台很难适应快速变化的智能制造系统的需求。

第三代工业互联网平台的发展源于物联网技术的出现,物联网提供的日益增长的广域大连接特性,为工业互联网平台融合实体工业组件和企业信息系统成为一个整体提供了新的机会。许多企业纷纷推出新型工业互联网平台,抢占新工业革命的制高点。工业互联网联盟(IC)是世界领先的组织,通过加快工业物联网(IoT)及 oneM2M 标准和全球物联网标准倡议的应用,改变了工业互联网平台的商业和社会规则。作为 IC 的龙头企业,美国通用电气(GE)公司发布的工业互联网平台——Predix,已经实现了对十多个领域的工业控制设备的接入。ABB 在印度班加罗尔为节能逆变器设立了一个新的数字远程服务中心,为终端用户工厂的变频器提供端到端的远程访问,以便进行预测性维护和状态监测。ABB 的下一代数字解决方案和服务将在 Microsoft Azure 云平台中开发和构建,并与 IBM Watson 物联网认知计算合作,在智能工厂中创建实时认知分析功能。霍尼韦尔公司为相互连接的辅助发电机组（APUs）开发了一个名为 GoDirect 的预测性维护服务，我国的海南航空成为全球首家采用 GoDirect 的航空公司。互联的辅助发电机组服务使用飞机上已有的数据连接机制下载辅助发电机组维护和故障数据，实现预测和防止早期的硬件故障，并减少由此产生的辅助发电机组中断。故障数据将返回霍尼韦尔公司进行分析，并以简明的可视化图表呈现给海南航空的维修团队。霍尼韦尔公司利用这些数据确定是否需要维修 APUs，并避免意外的过期维修事件。测试结果表明，霍尼韦尔公司的预测性维护服务减少了 35％ 的失效设备，显著减少了运行中断，使误报率低于 1％。工业互联网平台有望将所有资源单元连接在一起，以便更好地运行。事实上，困难是客观存在的，因为目前的工业互联网平台不能实质性地提高制造系统的性能。从系统发展的角度观察，工业互联网建设尚处于起步阶段，还存在以下需要完善的方面。

（1）智能制造系统通常需要经过重构或再优化，以满足快速变化和不断发展的客户需求。系统中单个的资源单元集合（如机器人、传感器和数控机床）可以重新配置和重组。因此，面临一个日益严峻的问题：工业互联网平台如何适应不断变化的系统结构？为了实现制造系统的重构与重组，所有机器、机器人和自动引导车辆（AGV）都应"即插即用"，这意味着资源单元的功能和制造执行模式可以很容易地重组。

（2）在制造系统中，值得注意的是，各资源拥有机构之间的协作，将向更具合作性的信息/知识驱动的企业信息系统环境不断演变。但是，目前的工业互联网平台只是简单地将设备连接在一起，采用相对松散的结构，很难支持制造系统的协同优化。因此，在工业操作系统中，所有的资源单元都应该连接起来组成一个关系链，通过关系链可以将所有的资源单元集合在一起，实现知识的构建、过程监控、决策支持、需求管理和控制。

（3）通过工业互联网平台，专门从事企业信息系统开发的公司可以为用户开发和发布工业应用程序。并且，不同的工业应用程序可以结合在一起，实现制造系统的操作。但目前的工业互联网平台，如果考虑到不同企业信息系统中的两个模块彼此的互操作问题，则局限性很明显。

因此,在工业操作系统中采用了微服务模型,并设计了微服务的互操作方法,以实现行业应用的深度协作与集成。

二、工业互联网平台的技术特征

工业互联网平台是为连接工业环境中的资产/设备而量身定做的,工业互联网是指重工业(如制造业、能源、石油和天然气)及农业中的工业资产连接到互联网。据不完全统计,目前全球有超过 150 种工业互联网平台在世界各地运转,但这些工业互联网平台来自不同的制造厂商,甚至不同的行业,技术实现路线差异很大,且处于不断完善发展阶段,尚未形成统一的技术标准、规格、规范或模式,因此,目前很难对工业互联网平台技术给出完整、统一和确定的技术框架定义。通过研究分析世界各国主流的、知名工业互联网平台,可以总结概括出工业互联网平台的一般性技术特征:工业互联网平台的新方法和新技术,已经可以将工业控制应用中海量异构的"程序孤岛"和"数据烟囱"连接起来,支持跨制造领域的应用程序和流程的整体数据驱动优化,更重要的是支持新型数据驱动的智能工业应用程序。例如,云计算技术构建于虚拟化基础之上,包括容器化和动态工作负载编排技术,使大规模的计算能力能够随需应变,具有前所未有的可扩展性、可访问性、可用性,以及通过规模经济实现低成本的弹性。此外,这些技术已经成熟,使其能够部署在小型数据中心和小型服务器集群中,从而在工业生产制造环境的边缘实现小型分布式计算,并具有可扩展性、可靠性和易于管理的优点。另外,由于大量数据将在制造环境中存储和管理,需要大数据中的横向扩展能力。机器学习建模方法越来越成为一种分析能力,该方法与传统的面向第一性原理(简单而言,第一性原理的思维方式是用物理学的角度看问题,一层层拨开事物表象,看到本质,再从本质向前推演,重新思考新的方向)的建模方法相辅相成,在智能制造环境中引入机器学习能力已经取得了丰硕的成果。工业互联网平台建立在上述广泛的技术基础上,并且面向制造环境,应力求抽象出数据驱动智能软件应用程序所需和共享的一组通用功能,并将其作为横向平台服务提供,以减少这些功能在传统架构中的重复实现。这些关键的公共平台功能与工业互联网的核心要素,即数据、分析模型和应用程序(实现业务逻辑)一致。在工业互联网平台的一般性模型中,数据框架提供统一的数据采集、处理和存储功能,以实现对生产数据的全生命周期管理,避免现有制造环境中常见的数据孤岛。分析模型框架提供了一个统一的执行框架,从其下一层次的数据框架中提取数据,同时高效地将多个分析模型作为插件运行。为完成闭环反馈回路,从数据分析中获得的知识与运营和业务逻辑结合起来,转化为操作。一般情况下,生产制造过程涉及许多应用程序,为避免建造新的"烟囱式"封闭应用,这些应用程序需要在统一的应用程序开发和操作(De-vOps)环境中运行和管理。这样的环境将提高应用程序的可靠性,减少应用程序开发的工作量,降低系统操作和维护管理的复杂性。此外,数字孪生框架提供了一个统一的、系统的方法代表,不仅可以配置和管理数字空间中的真实世界对象,还为应用程序开发提供了与实际对象的统一接口,类似于面向对象编程中的接口概念,因此,通过将应用程序开发人员从复杂的物理世界分离的方式,可以简化应用程序本身的开发过程。

工业互联网平台本质上是一种新的、数据驱动的工业操作平台。工业互联网平台以数字孪生框架作为数据驱动操作平台,且包含如下必要的架构元素:数据框架、分析模型框架、数字孪生框架、应用程序开发和操作(DevOps)框架、应用程序(App)。同时,参考并符合工业互联网联盟发布的工业互联网参考架构(IRA)的功能视角层的结构,数据框架对应数据逻辑层,主要完成数据采集功能;分析模型框架对应物理逻辑层,运行各种工业模型;数字孪生框架对应系统逻辑层,代表各种复杂的系统;商业逻辑层包含应用程序开发和操作框架、应用程序,运行制造商、用户和第三方的应用程序。工业互联网平台建立在云计算、大数据和机器学习/人工智能等一系列新技术基础之上,并提供一个清晰、简单的水平分层架构,抽象出数据驱动的智能工业应用所需的通用核心能力。这种水平分层体系结构由松散耦合的数据、模型和应用框架组成,这些框架由一个数字孪生框架统一而成。因为工业互联网平台起源于云计算,该体系结构具有固有的可扩展性和可靠性,并支持便捷的数据集成、模型执行以及应用程序开发和操作框架,可以灵活地部署在各种环境中,如公共云、私有云甚至边缘云(如在制造环境中),提供必要的性能、安全和控制。以数字孪生框架作为数据驱动操作平台的工业互联网平台架构将包含越来越多的基于 GUI 的工具，以更短的周期和更低的成本，简化数据驱动工业应用程序的开发，从而使工业互联网更经济地适用于更多的制造环境。在智能制造环境中部署这样一个水平可扩展的工业互联网平台，不管它有多复杂和庞大，完整的生产资产和流程可以用数字孪生框架来表示、配置和管理。所有资产、流程和系统的数据都可以收集、预处理、存储和管理到单个数据框架中。在这样一个框架的支持下，许多数据分析模型可以在单个模型框架中运行和管理，依托数字孪生框架，可以开发许多软件应用程序，并在单个应用程序开发和操作框架中运行和维护。

从与物联网平台的区别角度分析工业互联网平台，一般情况下，通用物联网平台提供管理工业环境中使用的物联网设备所需的技术和工具。在这一定义层面，一方面，管理家用智能设备（如冰箱、智能窗、温度计等）的家庭自动化平台可以称为通用物联网平台；另一方面，工业互联网平台为使用的机器和智能设备提供支持，工业互联网平台可以提供工业应用和分析构建的定制软件。因此，通用物联网平台虽然可以调整通用物联网解决方案以接收来自工业设备的数据，但却不具备分析机器数据并提供优化工业运营所需的洞察力。

第二节　工业互联网平台安全参考框架

工业互联网平台安全多维度视角有利于工业互联网平台安全参考框架明确安全防护对象、厘清安全角色、分析安全威胁、梳理安全措施、提出全生命周期的安全防护思路。

一、安全防护对象视角

工业互联网平台包括边缘计算层、工业云基础设施层、工业云平台服务层、工业应用层和工业数据五大防护对象。

（一）边缘计算层

边缘计算层通过现场设备、系统和产品采集海量工业数据，依托协议转换，通过边缘计算设备实现多源异构底层数据的归一化和汇聚处理,并向云端平台集成。边缘计算层安全防护对象主要包括通信协议、数据采集与汇聚、设备接入。

（二）工业云基础设施层

工业云基础设施层主要通过虚拟化技术将计算、网络、存储等资源虚拟化为资源池,支撑上层平台服务和工业应用的运行,其安全是保障工业互联网平台安全的基础。工业云基础设施层安全防护对象可进一步细化,包括虚拟化管理软件、虚拟化应用软件、服务器、存储设备、云端网络等。

（三）工业云平台服务层

工业云平台服务层利用通用 PaaS 调度底层软硬件资源,通过容器技术、微服务组件等提供工业领域业务系统和具体应用服务,为工业应用的设计、测试和部署提供开发环境。工业云平台服务层的安全与工业应用的安全具有强相关性,是保障工业互联网平台安全的关键要点。工业云平台服务层安全防护对象可进一步细化,包括工业微服务组件、工业应用开发环境、大数据分析系统、工业数据建模和分析、通用 PaaS 资源部署、容器镜像等。

（四）工业应用层

工业应用层涉及专业工业知识、特定工业场景,集成封装多个低耦合的工业微服务组件,功能复杂,缺乏安全设计规范,容易存在安全漏洞和缺陷。工业应用层是工业互联网平台安全的重要防护对象,其安全水平是平台各层安全防护能力的"外在表现"。工业应用层安全防护对象可进一步细化,包括工业知识库、应用配置、第三方依赖库、工业应用接口等。

（五）工业数据

工业数据的实时利用是工业互联网平台最核心的价值之一,通过大数据分析系统解决控制和业务问题,能减少人工决策带来的不确定性。根据《工业数据分类分级指南（试行）》,工业数据包括研发、生产、运维、管理等数据域,是工业互联网平台安全的重要防护对象。工业数据安全防护对象可进一步细化为数据生命周期的各个环节,包括销毁、迁移、共享、使用、分析、存储、传输、采集等。

二、安全角色视角

工业互联网平台安全与平台企业、工业企业、第三方开发者、用户等多个参与方息息相关，明确各方的职责是保障平台安全的前提。工业互联网平台安全参考框架将工业互联网平台安全的相关参与方分为5个角色——监管方、建设方、安全服务提供方、运营方和使用方，每个角色可以由一个或多个实体（个人或机构）担任，每个实体也可能同时担任多个角色。

（一）监管方

政府作为监管机构履行监督管理职责。工业和信息化部组织开展了工业互联网平台安全相关政策制定、标准研制等工作，明确了平台安全防护要求和安全评估规范，对平台安全工作开展总体指导。地方工业和信息化主管部门负责本行政区域内工业互联网平台的安全监管工作，组织开展平台安全评估，提升发现平台漏洞、安全防护和应急处置能力，防范安全隐患。

工业互联网平台企业按照属地原则接受当地监管机构的指导和监督，强化企业安全主体责任，保障平台安全运行。

（二）建设方

建设方须按照国家相关标准要求，确保交付的工业互联网平台满足客户的安全要求。工业互联网平台建设方应围绕平台安全的总体目标和规划，根据平台安全建设开发标准和规范，通过技术和管理手段，完成工业互联网平台应用组件、产品和功能的开发，提供技术和服务支持，确保平台具备国家及行业标准规定的安全防护水平。

（三）安全服务提供方

安全服务提供方是保障工业互联网平台安全运行的第三方服务者，涉及保障平台安全正常运行的各个方面，如电力供应商、基础设施安全供应商、安全硬件供应商、安全软件供应商、网络安全解决方案提供商等，负责提供平台设备、系统、应用安全运行所需要的安全技术、产品和服务，确保平台具备认证、加密、监测、检查、评估、响应等安全能力。各安全服务提供方须按照相关政策和标准提供符合安全要求的服务，保障工业互联网平台安全、稳定地运行。

（四）运营方

运营方落实工业互联网平台安全主体责任。按照"谁运营谁负责"的原则，企业依法落实平台安全的主体责任，明确工业互联网平台安全责任部门和责任人，负责平台安全运维，包括但不限于平台安全认证、检查评估、安全审计，以及平台安全事件的监测、预警、响应和恢复等，建立安全事件报告和问责机制，加大安全投入，部署有效的安全防护措施。

（五）使用方

使用方利用工业互联网平台开展相关业务时，应按照平台安全规范正常操作。使用方是使用平台产品、应用和服务的主体，可以是工业企业、平台企业、团体机构或个人。使用方应根据业务需要对工业互联网平台提出具体的安全需求，并在使用过程中遵守平台安全规范，进行安全配置管理，避免在使用过程中为平台带来安全威胁。

工业互联网平台的安全稳定运行离不开监管方、建设方、安全服务提供方、运营方和使用方等多个角色的协作。监管方对工业互联网平台进行监督管理，建设方按照相关标准开展安全建设，安全服务提供方为保障平台安全提供技术和产品支持，运营方对平台进行安全维护，使用方对平台提出安全需求，并进行安全使用。工业互联网平台安全需要所有相关方共同落实，在运行过程中，各方必须增强责任意识和安全意识，共同保障工业互联网平台安全。

三、安全威胁视角

安全威胁视角分析了工业互联网平台5个层面面临的不同安全威胁。

（一）边缘计算层

一是边缘计算层设备普遍缺乏安全设计。边缘计算层设备地理位置分散、暴露，多通过物理隔离的方式进行保障，普遍缺乏身份认证与数据加密传输能力，自身安全防护水平不足。攻击者容易对设备进行物理控制和伪造，并以此为跳板向其他设备与系统发动攻击。

二是边缘计算层设备可部署的安全防护措施有限。边缘计算层设备和软件存在低功耗、低时延等性能需求，资源受限，开发时往往只重视功能需求，导致可部署的安全防护措施有限。由于边缘计算层设备数量庞大，当遭到 APT 恶意攻击时，感染面更大、传播性更强，很容易蔓延到大量现场设备和其他边缘节点中。

三是边缘计算层设备缺乏安全更新。出于稳定性和可靠性考虑,边缘计算层设备和软件部署后一般不升级,大量固件和软件开发较早,存在长期不更新、产品服务商不提供维护服务甚至已停止服务的情况,不可避免地存在安全漏洞,加剧网络攻击风险。

四是接入技术多样化增加安全防护难度。连接工业互联网平台进行维护、管理的边缘计算层设备呈指数级增长,在众多接入场景和需求的驱动下,接入技术不断更新,给平台边缘计算层接入安全防护带来新的挑战。

五是通信协议多样化成为安全防护新难点。边缘节点与海量、异构、资源受限的工业现场设备大多采用短距离无线通信技术,边缘节点与云平台采用的多是消息中间件或网络虚拟化技术,多样化的通信协议为保障边缘计算层消息的机密性、完整性、真实性和不可否认性等带来了很大的挑战。

(二)工业云基础设施层

一是工业互联网平台存在与传统云平台相同的脆弱性。现有的工业互联网平台高度依赖底层传统云基础设施的硬件、系统和应用程序,一旦底层设备或系统受损,必然对平台上层的应用和业务造成重大影响,可能导致系统停顿、服务大范围中断等后果,使工业生产和企业经济效益遭受严重损失。

二是虚拟化技术安全隔离能力有限。工业云基础设施层通过虚拟化技术为多租户架构、多客户应用程序提供物理资源共享能力,但虚拟化技术提供的隔离机制可能存在缺陷,导致多租户、多用户间隔离措施失效,造成资源未授权访问问题。

三是虚拟化软件或系统存在漏洞。工业云基础设施层虚拟化软件或虚拟机操作系统一旦存在漏洞,将可能被攻击者利用,破坏隔离边界,实现虚拟机逃逸、提权、恶意代码注入、敏感数据窃取等攻击,从而对工业互联网平台上层系统与应用程序造成危害。

四是第三方云基础设施安全责任边界不清晰。多数平台企业使用第三方云基础设施服务商提供的服务建立工业互联网平台,在考虑平台安全防护时,存在工业互联网平台安全责任边界界定不清晰的问题。

(三)工业云平台服务层

一是传统安全手段的安全机制单一,无法满足多样化平台服务的安全要求。工业云平台服务层包括工业应用开发测试环境、微服务组件、大数据分析平台、工业操作系统等多种软件栈,支持工业应用的远程开发、配置、部署、运行和监控,需要针对多样化的平台服务方式创新、定制安全机制。当前工业互联网平台一般采用传统信息安全手段进行防护,无法满足多样化平台服务的安全要求。

二是微服务组件缺乏安全设计或未启用安全措施。工业云平台服务层微服务组件与外部组件之间的应用接口缺乏安全认证、访问控制等安全设计,或者已部署接口调用认证措施但未启用,容易造成数据非法窃取、资源应用未授权访问等安全问题。

三是容器镜像缺乏安全管理与安全性检测。容器镜像是工业互联网平台服务层中实现应用程序标准化交付、提高部署效率的关键因素。但是,一方面,若容器镜像内部存在高危漏洞或恶意代码,未经安全性检测即被分发和迭代,将造成容器脆弱性扩散、恶意代码植入等问题;另一方面,容器镜像管理技术不完善,一旦被窃取,容易造成应用数据泄露、山寨应用问题等。

四是缺乏有效的 DDoS 防御机制。工业云平台服务层承载着工业数据分析与建模、业务流程决策与指导等工业互联网平台的核心工作,对服务的可靠性和可持续性有较高要求。当前,工业云平台服务层仍缺乏有效的 DDoS 防御机制,攻击者可轻易实现 DDoS 攻击,造成资源耗尽、网络瘫痪等后果。

(四)工业应用层

一是工业应用层传统安全防护技术应用不足。当前,工业应用层的软件重视功能、性能设计,鉴别及访问控制等安全机制设计简单且粒度较粗,攻击者可通过 IP 欺骗、端口扫描、数据包嗅探等通用手段发现平台应用存在的安全缺陷,进而发起深度攻击。

二是第三方远程运维带来安全隐患。工业应用层中涉及的大量控制系统和软件来自国外,漏洞后门尚未掌握,服务商通过远程运维的方式接入工业互联网平台,一旦第三方远程运维业务流程存在安全缺陷,将给工业互联网平台带来安全隐患。

三是工业软件安全开发与加固不成熟。当前工业应用的安全开发、安全测试、安全加固等技术研究仍处于探索起步阶段,业内尚未形成成熟的安全模式和统一的安全防护体系。

四是工业应用组件存在安全风险。一般而言,工业应用基于 C/C++、C♯、Java、Python 等语言开发,其组件多采用 Weblogic 等编程框架,可能会由于内存结构、数据处理、环境配置及系统函数等设计原因,导致内存溢出、敏感信息泄露、隐藏缺陷、反序列化漏洞等问题,进而造成上层应用调用组件时出现强制性输入验证、信息泄露、缓冲区溢出、跨站请求伪造等威胁,甚至会造成软件运行异常和数据丢失。

(五)工业数据

一是数据安全防护责任边界模糊。工业数据具有体量大、种类多、关联性强等特点,流经工业互联网平台多个层次,在采集、传输、存储、处理、使用等多个环节中涉及的责任人众多,工业互联网平台上工业数据安全防护的主体责任边界模糊,难以界定。

二是数据敏感度标识不清晰,敏感数据标识及保护技术待完善。工业数据包含研发、生产、运维、管理等数据信息,在不同的应用场景下,数据的价值不同,敏感程度也不同,如果不能对数据敏感度进行准确识别和有效分类,将无法实现对敏感数据的细粒度标识。在工业数据投入使用时,还需要根据业务场景对工业数据进行脱敏处理。当前平台仍缺乏完善的数据脱敏和隐私保护措施,在工业数据使用过程中存在敏感信息泄露等安全问题。

三是数据销毁及备份机制缺陷。工业互联网平台服务商在将资源重新分配给新用户时,若存储空间中的数据没有被彻底擦除,将面临用户数据泄露的风险。此外,平台服务提供商若未制定数据备份策略,未定期对数据进行备份,则在用户数据丢失时将难以及时恢复。

四是数据安全交换共享机制不成熟。在工业大数据分析决策过程中,通常需要联合多方数据计算或训练模型,当前工业互联网平台数据安全共享交换机制尚不成熟,平台大数据安全分析技术仍有待研究。

五是开源数据平台存在安全漏洞。工业大数据分析系统作为工业互联网平台数据汇集、分析和决策的重要工具,需要较高的安全能力。但是,当前大数据分析系统主要基于开源软件(大数据存储和计算框架)进行部署,一旦存在安全漏洞,被攻击者利用,将引发分析结果被篡改、被伪造等问题。

四、安全措施视角

针对工业互联网平台在 5 个层面面临的安全威胁,可以从技术和管理的角度提出相应可落地的安全实施方案。安全技术包括接入安全、通信安全、系统安全、应用安全和数据安全,安全管理通过制度和规范协同资源,保障安全技术的贯彻落实。

(一)安全技术

1.接入安全

(1)身份鉴别。对登录工业互联网平台的用户进行身份鉴别,实现用户身份的真实性、合法性和唯一性校验,可支持通过多种标准协议对接客户自有第三方认证体系登录,包含但不限于 OpenID Connect、OAuth 2.0、LDAP、SAML 等。

(2)接入认证。对接入工业互联网平台的设备进行认证,形成可信接入机制,保证接入设备的合法性和可信性,对非法设备的接入行为进行阻断与告警。

2.通信安全

(1)密码技术。采用密码技术保证通信过程中敏感数据的完整性和保密性。密码技术和产品的使用须遵循国家有关规定。

(2)边界防护。在工业互联网平台内部不同网络区域之间,以及平台与外部网络之间部署防火墙、软件定义边界(software defined perimeter,SDP)等边界防护产品,解析、识别、控制平台内部网络之间及平台与外部网络之间的数据流量,结合身份鉴别、访问控制等技术,抵御来自平台外部的攻击。

3.系统安全

(1)安全隔离。对工业互联网平台中不同的虚拟域、服务和应用都采用严格的隔离措施,防止单个虚拟域、服务或应用在发生安全问题时影响其他应用甚至整个平台的安全性。

（2）可信计算。基于安全芯片,应用可信计算技术对工业互联网平台设备及软件进行可信加固,使之具备可信启动、可信认证、可信验证等能力。

（3）漏洞检测及修复。工业互联网平台的操作系统、数据库、应用程序在运行过程中,要定期检测漏洞,发现漏洞未修复及补丁未及时更新的情况,采取补救措施,对开放式 Web 应用程序安全项目(open web application security project,OWASP)发布的常见风险与漏洞能进行有效防护或缓解。

（4）通用 PaaS 资源调度安全。对工业互联网平台通用 PaaS 资源调度的相关服务进行安全加固,避免通用 PaaS 组件的安全缺陷为平台引入安全威胁。

（5）固件和操作系统安全增强。对工业互联网平台设备固件及操作系统施加防护,提高其抗攻击能力。

（6）虚拟化软件安全加固。对工业互联网平台中的虚拟化软件进行安全性增强,确保其上的虚拟域应用、服务、数据的安全性,为多租户提供满足需求的安全隔离能力。

（7）DDoS 防御。在工业云平台部署 DDoS 防御系统,保证平台服务的可用性和可靠性。

4. 应用安全

（1）代码审计。对工业互联网平台系统及应用进行代码审计,发现代码中存在的安全缺陷,预防安全问题的发生。

（2）安全性测试。工业应用在正式投入使用前,应进行安全性测试,尽早找到安全问题并予以修复。

（3）微服务组件接口安全。提供 API 全生命周期管理,包括创建、维护、发布、运行、下线等,对平台微服务组件接口进行安全测试和安全加固,避免由于接口缺陷或漏洞为平台引入安全风险。

（4）应用开发环境安全。确保工业云平台服务层应用开发框架、工具和第三方组件的安全,避免工业应用开发环境被恶意代码污染而造成安全隐患。

（5）工业应用行为监控。对工业软件、服务的行为进行安全监控,通过行为规则匹配或机器学习的方法识别异常,并告警或阻止高危行为,从而降低不良影响。

5. 数据安全

（1）密码技术。利用密码技术对工业互联网平台的敏感数据、用户及设备的鉴别凭证数据（如密钥等）、资源及应用访问控制策略等的存储和传输实施保护,保证平台中关键数据、资源、应用的安全,能支持国家商用密码算法及各种密码应用协议,相关设计遵循《中华人民共和国密码法》等法规及标准。

（2）访问控制。为工业互联网平台中的关键数据、资源及应用制定访问控制策略,并根据平台用户角色和业务流程的变更及时调整,确保平台对用户访问行为的细粒度进行控制和授权,可采用零信任技术保障平台身份鉴别安全和访问控制安全。

（3）备份恢复。通过在线备份、离线备份或热备份等方式,对工业互联网平台系统、应用、服务、数据等进行备份,以防止平台出现由安全事故导致的业务中断问题。

（二）安全管理

安全管理通过计划、组织、领导、控制等环节来协调人力、物力、财力等资源,从而保障工业互联网平台安全。

1. 合法依规

在进行工业互联网平台安全管理时,依照国家的战略方针、各项政策、法律法规、标准规范采取措施。

2. 组织架构

结合工业互联网平台安全防护对象的实际需要和相关规定,制定安全管理组织架构。

3. 规章制度

根据工业互联网平台的安全目标,制定安全管理策略以及合理且可执行的规章制度,确保人员规范操作,保证安全技术正确实施。

4. 外设管控

严格管控工业互联网平台涉及的硬件设备接口,防止外部设备的非法接入。

5.人员管理

对参与工业互联网平台开发、建设、运行、维护、管理、使用工作的相关人员进行培训,使其熟悉安全标准和规范,减少由人员引入带来的漏洞和缺陷。

6.风险评估

对工业互联网平台各层次的安全性进行评价,对潜在的脆弱性和安全威胁进行研判,确定平台安全风险等级,制订有针对性的风险处理计划。

7.安全运维

定期排查平台操作系统和应用的漏洞,及时修复已公开的漏洞和后门;对平台操作系统及应用进行安全性监测和审核,阻止可疑行为并及时维护平台安全;在平台状态发生变更时及时进行安全性分析和测试。

8.安全审计

对工业互联网平台上与安全有关的信息进行有效识别、充分记录、存储和分析,对平台安全状态进行持续、动态、实时的审计,向用户提供安全审计的标准和结果。

9.监测预警

构建工业互联网平台安全情报共享机制,结合其他组织机构已公开的安全信息,实现平台风险研判、安全预警、加固建议等功能。

10.应急灾备

制定工业互联网平台安全应急预案,对平台应急相关人员提供应急响应培训,开展应急演练;制定灾备恢复指南,分析平台安全事件发生的原因,完成有效的技术处置和恢复,降低平台不可用产生的影响。

五、生命周期视角

现有的工业互联网平台建设普遍存在"重功能、轻安全"的问题,且未在平台开发初期引入安全设计。随着平台建设的深入,安全防护难度加大、安全风险加剧、安全建设成本超出预期。工业互联网平台安全参考框架从全生命周期安全防护的视角出发,将安全融入平台规划设计、建设开发、业务使用、运行维护和废弃销毁的各个阶段,提高工业互联网平台全生命周期的安全防护能力。

（一）规划设计

工业互联网平台安全规划设计包括需求分析和方案设计两个环节。在需求分析环节,要求确定平台安全的防护范围,不得随意更改,如果有确实需要新增或变更的需求,应组织专家评审后变更。在方案设计环节,根据平台安全需求,设计工业互联网平台安全方案;组织相关部门和安全专家审定平台安全方案的合理性和正确性,经过批准后才能正式实施;建立平台安全风险衡量标准或评估标准,形成平台安全定期衡量机制或评估机制。

（二）建设开发

工业互联网平台安全建设开发包括安全开发、安全性测试、部署实施、上线试运行4个环节。一是安全开发,应组建专业的平台安全建设开发团队,进行平台软硬件建设、开发、管理和审计等工作。二是安全性测试,在平台设备、系统、软件建设开发完成后,进行完整的功能、性能和安全性测试,提交明确的测试方案、测试用例和测试报告。三是部署实施,在平台设备、系统、软件部署实施环节,应进行最小化部署,在部署方案中明确记录配置参数和配置文件,以供后期运维阶段参考。四是上线试运行,在平台上线试运行环节,每个平台项目都要做第三方安全检测,明确并处置平台存在的安全风险。

工业互联网平台须在国家相关主管部门备案,根据国家法律法规、标准等相关要求开展工业互联网平台安全建设,以使平台达到相应的安全防护要求。

（三）业务使用

相关人员在使用工业互联网平台业务时,应确保人员操作符合平台安全规范。明确工业互联网平台使用人员的活动目的、安全义务和安全责任,对相关人员的安全活动进行监督记录,要求关键人员签署保密协议,保证平台安全防护措施在业务使用过程中能正确发挥作用。

（四）运行维护

工业互联网平台在其生命周期内,需要不断地维护和升级改进,以维护平台功能更新,保证其安全、稳定地运行。应组建专业的工业互联网平台安全运维机构及安全支撑服务团队,定期对平台设备、系统、应用进行风险评估、安全监测、安全审计、应急演练等,贯彻执行平台安全技术措施和安全管理制度;在平台发生安全事件时,进行应急响应和灾备恢复工作,保障平台业务的可用性和可靠性。

（五）废弃销毁

工业互联网平台中部分或全部设备、系统、应用、数据等在发生废弃销毁时,要注意不影响平台其他业务的正常运行。废弃销毁流程应符合国家、行业及企业的相关法律和流程,销毁过程中不发生敏感信息泄露问题。

在工业互联网平台的生命周期中,风险评估应在平台规划设计、建设开发、运行维护、业务使用和废弃销毁5个环节中贯彻实施,而监测预警应在平台运行维护和业务使用2个环节贯彻实施。

第三节　工业互联网平台安全的关键技术

针对工业互联网平台的需求特征和面临的安全威胁,本节总结了提升工业互联网平台安全性的关键技术,为保障工业互联网平台安全的建设方、运营方、安全服务提供方等提供参考。

一、边缘设备可信接入技术

重点适用:边缘计算层。

大量边缘设备采用有线或无线的方式连接工业互联网平台,具有移动性、松耦合、频繁接入或退出的特点,导致边缘网络拓扑和通信条件不断变化,面临着易受控制、易被伪造、系统与组件不安全等威胁。边缘设备可信接入技术可在提供轻量级硬件或软件支持的设备身份识别、多因子安全接入认证、完整性验证与恢复等功能的同时,保障边缘设备低功耗、低时延等性能要求。

二、通信协议安全增强技术

重点适用:边缘计算层。

通信协议是设备与平台、用户与平台、平台与平台之间完成通信或服务必须遵循的规则和约定。当前,工业互联网平台存在大量数据通信,采用的通信协议具有类型多样、明文传输等特点,需要在对现有生产环境影响最小的前提下,突破通信协议脆弱性分析、高效身份认证、细粒度授权和轻量级加密等技术,增强通信协议的安全性。

三、平台接入设备安全管控技术

重点适用:边缘计算层、工业云基础设施层。

工业互联网平台接入设备具有种类异构、数量众多等特点,设备的策略分发、配置、性能监控等任务大多由人工完成,大量的设备监控和管理将耗费大量成本,不同类型设备配置不统一还可能导致系统策略不一致,造成潜在的安全漏洞。平台接入设备安全管控技术可提供平台接入设备安全管理、安全监控、安全策略自动化配置等功能,实现边缘设备自动化、智能化安全管控。

四、平台网络跨域信任技术

重点适用:工业云基础设施层。

工业互联网平台中多网络安全域和多接入网络共存,攻击者将被破坏的节点作为"跳板",攻击平台网络中其他节点设备,可能造成威胁扩展。平台网络跨域信任技术包括节点完整性验证、用户身份认证、接口安全、API调用安全、域间隔离审计等,可避免单节点受损后跨域访问导致的网络威胁扩展问题,保障节点平台网络跨域访问时域间的相互信任和网络连接的上下文安全。

五、"云网边端"协同的安全漏洞识别技术

重点适用:边缘计算层、工业云基础设施层、工业云平台服务层。

漏洞识别是通过扫描、关联分析等手段,对目标系统缺陷进行检测的行为。针对工业互联网平台接入设备众多、系统应用多样、网络协议复杂、服务交互频繁造成的安全漏洞识别难度大、影响范围广的特点,须运用基于云、网、边、端协同的大数据分析、威胁信息共享、安全知识图谱等技术,实现对工业互联网平台设备、系统及应用的漏洞识别、分析、评估、检测与修补,从全局视角提升对漏洞的识别发现、理解分析、响应处置能力。

六、平台主机和虚拟机安全加固技术

重点适用:工业云平台服务层。

工业互联网平台的上层系统安全与应用安全依赖底层云主机及虚

拟机的安全运行,针对越权、侧信道攻击、虚拟机操作系统漏洞、逃逸攻击、镜像篡改等风险,运用白名单、基于可信硬件的可信验证、基于 AI 的主动防御等技术,保护云主机与虚拟机的系统及数据,以保证平台上层系统级服务的安全运行。

七、平台微服务安全调用与安全治理技术

重点适用:工业云平台服务层。

工业互联网平台具有多样化的服务需求,一般将大型应用程序或服务分解为多个更小粒度的微服务,由不同团队并行独立开发和部署,在应对同一业务需求时调用多个微服务协同完成。平台微服务安全调用与安全治理技术可提供微服务接口安全验证、多微服务协同调用、微服务间安全通信、微服务行为安全监控等功能,并对调用第三方微服务接口的通信进行安全审计和管控,提升工业互联网平台微服务的安全防护水平。

八、平台统一 IoT 态势感知技术

重点适用:工业云平台服务层。

平台统一 IoT 态势感知技术是以边缘侧 IoT 流量、关键网络节点流量、平台各系统日志等安全大数据为基础,对平台各层安全状态进行实时统一监测,综合平台整体的安全监控数据,对平台潜在的安全风险及恶意攻击行为进行分析预警,并提供辅助性决策的一种技术。通过接入本地移动网、固网(采样)数据,实现工业互联网资产的统一探测、全流量分析、风险识别、态势分析、预警通报、应急处置,同时实现基础数据管理、策略指令下发、情报库共享、信息推送等功能。

九、基于区块链的安全协作技术

重点适用:工业云平台服务层、工业应用层。

区块链技术具有可信协作、隐私保护等优势,在应用到工业互联网平台时,能提升平台的安全性。基于区块链技术,为跨域集群建立业务共享通道,并利用高效共识机制协同更新分布式账本,实现信息来源可信、数据可追溯审计和通道内部数据的传输安全和隐私安全。利用区块链不可篡改、分布式共治等赋能能力,对平台各节点构建联盟链,实现节

点的自治性预防保障、运行时异常监测和受损状态的自愈合。

十、人工智能算法及系统安全保障技术

重点适用:工业云平台服务层。

人工智能算法存在黑盒和白盒的对抗样本攻击,人工智能系统缺陷和漏洞也可能被攻击者利用,导致识别系统混乱、识别结果错误等安全问题。需要从算法容错容侵、测试质量保障、安全配置、漏洞检测和修复等方面增强人工智能算法及系统的安全性,减小攻击者攻击人工智能算法及系统的可能性。

十一、工业应用安全检测技术

重点适用:工业应用层。

传统软件漏洞、Web 安全、API 安全、第三方开发者植入恶意代码等问题会威胁平台工业应用生态的安全发展。需要面向特定工业行业、场景、业务的安全需求,研究工业应用安全检测技术,提供恶意代码分析、软件逆向、漏洞检测与利用、接口验证等功能,建立工业应用安全评估机制,及时发现工业应用接口中和服务过程中可能存在的安全隐患,为部署有针对性的工业应用安全防护措施提供依据。

十二、多源异构工业数据清洗技术

重点适用:工业数据。

数据作为工业互联网平台有效运行的重要基础生产资料,亟须着重攻克针对海量多源异构工业数据源的智能识别、爬取、适配、捕获、高速数据全映象等技术,实现对结构化、半结构化、非结构化的海量工业数据的智能化识别、定位、跟踪、协议转换、分流及整合等,并针对工业互联网平台的计算能力下沉到边缘侧的特点,重点突破数据有效抽取、清洗、去噪及转化技术,有效提升工业互联网平台的边缘侧数据处理能力。

十三、平台敏感数据识别保护技术

重点适用:工业数据。

工业数据中包含工艺参数、生产运营数据等商业机密,若未根据数据分类分级结果进行敏感度标识,可能会造成数据管理混乱、敏感数据泄露的问题。对此,亟须运用工业数据敏感度标识、细粒度访问控制、关

键字段加密、轻量级加密共享等技术,结合国家商用密码算法,保证敏感工业数据的机密性和用户访问的灵活性。

十四、数据集可信性检测及可信防护技术

重点适用:工业数据。

数据集的有效性和正确性是工业互联网平台安全、可靠运行的前提条件,在收集与标注数据时一旦出现错误或被注入恶意数据,将产生数据污染攻击,从而威胁依赖数据集训练的模型和算法的安全。须研究数据集可信性检测及可信防护技术,保障数据收集、传输阶段的真实性、完整性和可靠性,为后续数据分析的可信性奠定基础。

十五、工业数据跨平台可信交换共享技术

重点适用:工业数据。

随着工业互联网平台数据涉及范围的逐步扩大、业务场景对数据分析决策需求的多样化,对工业数据跨平台开放共享、互联互通、协同分析等要求日益提高,进一步扩大了跨平台数据流通、交换、共享过程中的攻击面。亟须运用基于敏感度的数据安全域划分、数据跨域流动管控、动态数据安全交换共享、数据可用不可见等关键技术,对不同敏感度等级的域间数据的流动过程、使用过程进行管控,做好数据流动过程中的审计,实现数据事件可追溯,确保数据交换共享过程的安全性。

十六、数据驱动的 APT 攻击检测与智能防护技术

重点适用:边缘计算层、工业云基础设施层、工业应用层、工业数据。

APT 攻击是一种具备高度隐蔽性的、针对特定对象展开的、持续有效的攻击活动。借助工业互联网平台边缘计算层的海量设备发起 APT 攻击,感染面更大、传播性更强,对此,亟须运用基于数据驱动的 APT 攻击检测、攻击建模、智能分析、智能防护、自适应恢复等技术,以抵御 APT 攻击。

第三章　工业互联网数据安全

第一节　工业大数据

在工业互联网时代,数据量将呈指数级增长,而速度,即数据生成、接收和处理的速率,对于反馈到系统以控制实时工业过程的决策至关重要。工业互联网由多种异构系统组成,数据的多样性也非常复杂。大数据已经成为工业互联网的一个关键因素,有研究人员提出,工业企业可以利用基于云的大数据技术,创造竞争优势,提高生产率。

一、工业大数据基本概念

工业大数据是指工业设备高速运行时产生的大量与时间序列相关的数据,通常分布在世界各地的工厂,工业大数据用于辅助管理,生产控制人员根据基本信息做出决策,因此,企业将能够通过提高服务质量来降低维护成本。通用大数据和工业大数据有一些共同的特征,如体积、种类、速度、可变性和准确性。同时,工业大数据的应用程序增加了以下两种额外属性:

(1)可视化,指对现有处理数据的非期望发现;

(2)价值,强调分析的目标,从数据中创造新的价值。

通用大数据与工业大数据的另一个区别是,工业大数据比一般用途的大数据具有更高的结构化、相关性,且更易于分析。这是因为:一方面,工业大数据是由自动化设备产生的,在这种情形下,环境和过程比社会网络中的人际互动更受控制;另一方面,除了大数据系统基本特点外,工业大数据与生产过程结合,还在潜在关系、污损情况、质量状况等方面具有新特性。潜在关系指的是挖掘出工业生产控制对象实体的关系和捕捉工业生产中出现的典型现象背后的线索;污损情况是衡量数据本身的数量和完整性,它存在于许多工业系统中;质量状况是指处理低质量数据的问题,可能会导致工业生态系统的灾难。

工业大数据技术结构或系统自上而下可以划分为三层：工业生产业务分析层、工业分析引擎层、工业基础设施层。

工业生产业务分析层：该层负责执行数据分析，分析过程由专门的引擎处理，该引擎使用 Map-Reduce 基础设施层的资源加速数据的计算和访问进程，并且结合工业生产控制的流程、工艺和产供销状态进行细粒度分析。

工业分析引擎层：该层的基本功能是负责协调大数据生态系统的不同方面。通过 Map-Reduce 引擎提供分布式和并行处理方面的支持，进而为不同的分析过程提供支持。典型的数据分析引擎工具包括 Hadoop、Storm 和 Spark 技术，工业数据分析引擎的主要特征是必须考虑类型多样的工业应用程序。

工业基础设施层：提供存储在生产机器、控制设备和装置群中的低层级的资源，如 Apache 系统中的开源分布式资源管理框架（Mesos）、单设备存储卡和 Hadoop 资源管理器（Yarn）支持。为存储数据，至少需要一个类似 Hadoop 分布式文件系统（HDFS）的大数据存储机制，可以安全地访问存储在其中的大型数据集，还可以引用任何其他分布式文件系统（例如，NFS 或 Lustre），并能够提供大而高效的存储空间。另外，该层还应包括支持数据安全交换、标识和映射的工业信息系统。

二、工业大数据关键技术

高度分布和异构多态的数据源给工业数据的访问、集成和共享带来多方面的挑战。此外，不同数据源产生的海量数据往往采用不同的表示方法和结构规范进行定义。将这些多样化的数据汇聚在一起将面临不少的问题，因为这些原始数据并没有为数据的集成和管理准备好足够的处理基础。而且，如果数据是分布式的，还缺乏适当的数据处理框架支撑大数据分析。因此，工业大数据涉及的关键技术如下。

（一）基于时空关联特性的海量异构数据表示技术

在工业控制领域，每个数据采集设备都放置在特定的地理位置，每个工业数据都有时间戳，时间和空间的强相关是工业数据的一个重要特征，在工业大数据的分析和处理过程中，时间和空间是统计分析的重要维度。不同来源产生的海量工业数据集，往往采用不同的表示方法和结构规范进行定义,将这些数据汇集在一起非常困难,因为这些数据没有为数据时空整合和融合做好适当的处理,缺乏一致性标准。而且,如果数据仍然是分布式的,则表示该技术缺乏适当的信息基础设施服务,以支持对数据的统一分析。统计推断过程通常需要某种形式的聚合,这种聚合在分布式工业控制体系结构中可能很昂贵,所以核心问题是需要找到更便宜的数据近似拟合方法。因此,大规模工业大数据的时空关联表示模型及技术,成为工业大数据分析需要解决的一个重要问题。

(二)基于机器学习的工业大数据有效和高效在线分析技术

工业现场的设备、装置和传感器产生的工业大数据由于采集的数据类型不同,与一般大数据相比具有不同的特点,其中最显著的特点包括异构性、多样性、高噪声和高冗余性。许多工业大数据分析场景(例如,大量检测机器异常和监控生产质量)需要实时给出分析结果。除了通过增加计算设备的数量加速计算过程之外,还需要将在线大规模机器学习算法应用到工业大数据分析框架中,提供有效和高效的知识发现能力。此外,传统的数据管理技术通常是针对单个数据源设计的,而能够很好地组织多个模型数据(如许多设备状态流、地理空间和文本数据)的高级数据管理方法仍然需要进行深入研究。因此,基于机器学习的工业大数据有效和高效在线分析技术是工业大数据分析的瓶颈性技术之一。

(三)面向工业生产过程全生命周期的数据管理与组织

工业互联网涉及的信息物理系统正在以前所未有的速度生成数据,其规模远远超过了存储管理系统技术的发展。但其中面临的一个较为紧迫的技术挑战是当前的存储系统,特别是工业控制设备的小容量、小尺寸存储机制难以承载大体量的数据。一般来说,工业大数据中隐藏的价值取决于数据的及时性、可靠性,因此,需要建立与分析值相关的数据质量保证技术机制,判决哪些接收到的实时数据应该被存储,哪些数据应该立即被抛弃。

(四)工业大数据实时可视化技术

工业大数据分析的海量结果产生了丰富多样的信息,原始数据的良好可视化展现可以启发解决问题的新思路,而分析结果的可视化又可以揭示内在的知识结构,有助于做出决策。工业生产数据的可视化也可以揭示大量不同数据因素之间的相关性或因果关系,工业大数据分析场景中的多种模式(如空间、时间、机器和业务)导致数据视图产生了高维特性。这种可视化系统的设计比只存在于一维世界的传统数据呈现系统更复杂,因为系统需要同时与多个设备和用户进行通信,并以不同的频率发送和接收不同格式的数据。目前,虽然可视化数据的分析方法已经取得了很多进展(最显著的是基于地理信息系统的显示能力),但是分析大规模的工业互联网数据,特别是那些本质上异构的智能工厂数据,还需要在可视化层次和关联方式等方面进一步深化,因为这些数据集合在信息形态上可能表现出难以归一化处理的明显差异。

(五)工业互联网行业数据隐私保护

大多数工业大数据服务提供商由于容量有限,无法有效维护和分析如此海量的数据集,因而需要依赖专业机构、人员或工具分析这些数据,但这也增加了潜在的信息安全风险。例如,事务性数据集通常包括一组完整的操作数据驱动关键业务流程,这类数据一般包含最细粒度的详细信息甚至敏感信息,如信用卡账户和密码。因此,工业大数据分析操作只有在采取适当的、有效的防护措施保护这些敏感数据时,才可以交给第三方处理,并且只有这样才能确保数据本身的安全性。

第二节　工业互联网数据安全关键技术应用

一、从系统防护角度实施的数据安全技术措施

传统数据安全措施多以系统为中心,以加强系统安全来保护数据的思路为主,从网络系统的视角来实现各种数据安全技术措施,包括通过边界防护、身份认证、访问控制、入侵检测等系统防护技术保护数据完整性、保密性、可用性。

一是以分区分域、网络隔离等边界防护措施保护数据安全。工业控制系统及设备越来越多地采用通用协议和通用软硬件,并以各种方式与企业网或互联网连接,使得其他网络的安全风险很容易渗透到工业生产网中。与此同时,如果工业生产网内部各业务单元之间未采取边界防护措施,那么一旦某个业务单元遭受病毒感染或恶意攻击,将可能蔓延至

整个工业生产网,造成严重后果。因此,在不同网络边界之间应部署边界防护设备,实现安全访问控制,阻断非法网络访问。工业生产网内部根据各功能区的数据访问需求及安全防护要求进行分区分域,在不同的安全域边界部署工业防护墙,防止越权访问和各功能区之间的病毒感染。对于有数据双向交换,并对数据实时性要求高的生产网边界与其他网络边界(如工业控制网边界与企业网边界),需要部署专业的工业防火墙,限制允许通过边界的流量类型、协议类型、端口类型等。对于只允许数据单向传输,需要完全逻辑隔离的生产网边界与其他网络边界,一般部署工业网闸,从物理层面阻断反向通信。对于具备特定行业特点、软件定制化程度高的企业,可结合其工业生产对业务连续性的特别需求,采取逻辑隔离手段,在生产网和管理网之间部署定制化的边界安全防护单向网关。

二是根据需要灵活采用身份认证措施保护数据安全。身份认证的目的是确认操作者身份的合法性,确定该用户是否具有对某些数据的访问权限或使用权限,使系统的访问策略、操作行为合规合法。如果身份认证机制失效,易出现身份冒认、非法访问等行为,进而对工业生产的正常运行造成威胁。常见的身份认证方式包括以下 5 种。

(1)静态口令,用户名与对应的密码相匹配后进行登录。

(2)智能卡,运用专门的 IC 卡对用户进行认证后登录。

(3)USB Key,是集智能卡与读卡器于一体的 USB 设备,用户只能通过厂商编程接口访问数据。

(4)动态验证,包括验证码、动态口令等。

(5)生物特征识别,包括指纹识别、虹膜识别、声音识别、人脸识别等。由于工业互联网相比于传统互联网实时响应要求高,一般来讲,工业互联网数据安全优先级为可用性＞完整性＞保密性,由此可见,身份认证技术对于数据保护十分重要。由于工业互联网中存在较多的工业控制系统,可结合各认证方式的优缺点和适用性,以业务风险管理为导向,采用分类分级的思想,灵活使用身份认证机制。例如,对于承载低安全性数据的系统,可采用静态口令的认证方式;对于承载高安全性数据的系统,可采用 USB Key 方式进行认证;对于承载更高安全性数据的系统,可采用双因素认证,即静态口令认证机制和 USB Key 认证机制结合的方式。

三是采取集行为分析、权限监控等于一体的安全审计措施保护数据安全。数据安全审计是指对数据的访问等行为进行审计,判断这些行为过程是否符合制定的安全策略。在数据安全治理中,数据安全审计是一项关键能力,能对数据操作进行监控、审计、分析,及时发现数据异常流向、数据异常操作行为,并进行告警。数据安全防护需要通过审计来掌握数据面临的威胁与风险变化,明确防护方向。在工业互联网场景下,数据安全可借鉴数据安全治理过程中的关键能力——数据安全审计与稽核,从行为审计与分析、权限变化监控、异常行为分析三方面来掌握数据安全威胁与风险。行为审计与分析,包括利用数据库协议分析技术将所有访问和使用数据的行为全部记录下来,包括账号、时间、IP、会话、操作、对象、耗时、结果等内容,并在出现数据安全事件时具备告警能力,在数据安全事件发生后,可通过审计机制追踪溯源;权限变化监控,指监控所有账号权限的变化情况,包括账号的增加和减少、权限的提高和降低,可有效抵御外部提权攻击,防止内部人员私自调整账号权限进行违规操作等行为;异常行为分析,在安全稽核过程中,除了明显的数据攻击行为和违规的数据访问行为,很多的数据入侵和非法访问都掩盖在合理的授权下,因此需要通过数据分析技术对异常行为进行发现和定义,可采取通过人工分析完成异常行为的定义、对日常行为进行动态的学习和建模等方式实现。工业互联网平台的安全审计主要指识别、记录、存储和分析平台中与安全有关的活动的相关信息。工业互联网平台汇集了企业内外部多方重要的敏感数据,为保证数据安全,须具备数据审计等功能,对输出的数据内容进行安全审计,审计范围包括数据的真实性、一致性、完整性、归属权、使用范围等,并贯穿数据输出、存储和使用等全过程,实现平台数据的安全状况持续、动态、实时的安全审计,并可为用户提供安全审计结果。

二、工业互联网数据安全技术发展趋势

一是工业互联网数据加密技术向轻量级、密文操作、透明加密等方向发展。数据加密是指通过特定加密算法,将可识别的明文转变成密文

的过程,使用加密处理可以保护数据不被窃取、篡改等,从而实现数据的机密性、完整性、可用性、不可抵赖性。数据传输等过程中面临着数据被窃听、窃取、拦截等安全风险,应确保数据的机密性和完整性,目前的普遍做法是利用加密技术实现数据的安全传输,如根据已发布的 SM4 等商用密码算法标准,对数据进行加密处理后再传输,相关技术包括基于属性的加密技术、同态加密技术、代理重加密技术、可搜索加密技术等。另外,也可以采用虚拟专用网络(VPN)建立数据传输安全通道,将待传输的原始数据进行加密和协议封装处理后,再嵌套装入另一种协议的数据报文中进行传输,相关安全协议包括 SSL 协议、IPSec 协议等。

当前,工业互联网数据内部传输和存储、外部共享、上云上平台等过程都有数据加密需求,数据加密技术须考虑工业互联网场景下数据实时性、稳定性、可靠性等特殊要求,尽可能使用轻量级的加密技术,以减少密码对计算、网络、存储等资源的消耗。同时,面对大规模、复杂的加密的工业互联网数据,频繁地加密和解密存在占用带宽、耗时耗力等问题,且对密文的检索、使用等需求不断增加,因此密文直接可操作技术也是亟须突破的技术。透明加密是一种以密码技术为基础的数据加密方案,该技术的核心在于解决数据加密防护和密钥管理引起的数据处理效率低、系统部署和应用困难,以及工具改造的代价高等问题,同时减小对数据自动化运维的影响。透明加密技术完全由系统自行实现,所有保存在硬盘环境中的文件均为加密状态,只有在用户读写的过程中才会解密,以明文形式呈现给用户。

二是工业互联网数据脱敏技术向动静结合脱敏、敏感字段定向脱敏、数据智能脱敏等方向发展。数据脱敏又被称为数据去隐私化或数据变形,是在给定的规则、策略下对敏感数据进行变换、修改的技术机制。数据脱敏在进行敏感信息交换的同时,还需要保留原始的数据特征或脱敏后数据处理所需的必要信息,被授权的管理者或用户只有在特定的情况下才可以通过应用程序与工具访问数据的真实值。数据脱敏通常包括脱敏目标确认、脱敏策略制定和数据脱敏实现 3 个阶段。按照作用位置、实现原理的不同,数据脱敏实现可以分为静态数据脱敏(SDM)和动态数据脱敏(DDM),其中 SDM 通常适用于开发或测试中的数据集而不是生产中的数据集,而DDM通常适用于生产环境,在敏感数据被低权限个体访问时才对其进行脱敏,并能够根据策略执行相应的脱敏方法。工业互联网数据涵盖设计、研发、工艺、制造、物流等产品全生命周期的各类数据,存在大量敏感数据。在数据开放共享的大背景下,工业互联网数据流动共享是推动工业互联网发展的主要动力,是工业互联网数据核心价值体现的关键环节。工业互联网数据跨部门、跨企业、跨地域流动共享使用逐渐成为常态,其中涉及的重要敏感数据须在流动共享前采用数据脱敏技术等进行处理,确保数据被安全共享和使用。而工业互联网数据的脱敏技术需要适应大流量、高速流动、实时交互等需求,市场上已有的一些能够自动识别敏感数据并匹配推荐脱敏算法的数据脱敏工具,随着机器学习技术的应用,集敏感数据自动化感知、脱敏规则自动匹配、脱敏处理自动完成等能力于一体的数据智能脱敏技术将成为新趋势。

三是工业互联网数据溯源技术向信息隐藏、定位精准、跨组织追踪等方向发展。溯源技术是一种溯本追源的技术,根据追踪路径重现数据的历史状态和演变过程,实现数据历史档案的追溯。目前的数据溯源技术主要包括标注法和反向查询法。标注法通过记录和处理相关信息来溯源数据的历史状态,并让标注和数据一起传输,通过查看目标数据的标注来获得数据溯源,但是标注法不适用于细粒度的数据溯源,特别是大数据集中的数据溯源。反向查询法是通过逆向查询或构造逆向函数对查询求逆,不需要对源数据和目标数据进行额外标注,只在需要数据溯源时才进行计算。这两种溯源思想适用于关系数据库、科学工作流、大数据平台、云计算和区块链等应用场景。其中典型的数据库溯源技术主要指数据库指纹技术,常见的数据库指纹技术大多基于数据库水印算法进行设计和改进。工业互联网数据采集阶段重点关注如何自动生成正确的源数据及保证其可追溯性,此时数据溯源显得尤其重要。工业互联网平台汇集了企业内外部多方敏感数据,工业互联网数据多路径、跨组织的复杂传输流动模式跨越了数据控制者和安全域,为保证数据安全,数据溯源应贯穿数据存储、使用、共享等全过程,跨系统、跨组织的数据追踪溯源技术将成为未来研究方向。

四是安全多方计算向数据可信交换、隐私保护等应用方向发展。安全多方计算(secure multi-party computation,SMPC)能够解决一组互不信任的参与方之间隐私保护的协同计算问题,具有输入的独立性、计算的正确性、去中心化等特征,能在不泄露原始数据的前提下为数据需求方提供多方协同计算的能力,同时为需求方提供经各方数据计算后的整体数据画像,因此能够在数据不离开数据持有节点的前提下,完成数据的分析、处理和结果发布,并提供数据访问权限控制和数据交换的一致性保障。

安全多方计算主要通过同态加密、混淆电路、不经意传输和秘密共享等技术,保障各参与方数据输入的隐私性和计算结果的准确性。安全多方计算的主要适用场景包括联合数据分析、数据安全查询、数据可信交换等。安全多方计算对于大数据环境下的数据机密性保护有独特的优势,在工业互联网数据共享和隐私保护中具有重要意义,多用于跨企业、跨行业的数据流通。使用安全多方计算技术可实现多方数据之间可信的互联互通,保证数据查询方仅得到查询结果,但对数据库其他记录信息不可知,同时改进已有的数据分析算法,通过多方数据源协同分析计算的方式保障敏感数据不被泄露。

五是差分隐私保护适用于数据量大、数据类型多、数据价值高等特殊场景。工业企业通过工业互联网进行数据统计分析、挖掘数据价值的同时,对隐私保护带来了安全挑战,差分隐私(differential privacy,DP)技术由于无须假设攻击者能力或背景知识,安全性可通过数学模型证明,能够在保证数据可用性的同时保护个人隐私,可应用于数据发布、数据挖掘、推荐系统等。其过程是通过对真实数据添加随机扰动,并保证数据在被干扰后仍具有一定的可用性来实现的,既要使保护对象数据失真,又要保持数据集中的特定数据或数据属性(如统计特性等)不变。差分隐私可以通过拉普拉斯机制、指数机制和几何机制等实现,较常见的是通过拉普拉斯机制对数据汇聚结果添加噪声,根据全局敏感度校准后的拉普拉斯噪声实现差分隐私。差分隐私技术可分为中心化差分隐私技术和本地化差分隐私技术。中心化差分隐私技术将原始数据集中到一个数据中心,然后发布满足差分隐私的相关统计信息,该技术适用于数据流通环节中的数据输出场景。目前中心化的差分技术研究主要围绕基于差分隐私的数据发布、面向数据挖掘的差分隐私保护，以及基于差分隐私的查询处理等方向展开。本地化差分隐私技术将数据的隐私化处理过程转移到每个用户上，在用户端处理和保护个人敏感信息，该技术适用于数据流通环节中的数据采集场景，目前，本地化差分技术在工业界已得到运用。在工业领域，当数据量较大且数据维数较低时，可优先使用差分隐私技术保护用户数据；数据的使用者众多时，可使用差分隐私技术对用户的数据进行保护，以应对具有任意知识背景的攻击者；对于重要的敏感数据，可通过差分隐私技术对数据进行处理后，提供给数据需求方使用。同时，差分隐私保护独立于底层数据结构，并兼容多种数据类型，适用于工业互联网中存在结构化、非结构化，以及半结构化等多种数据形式的现实情况。但从实际应用看，针对不同的应用场景特性，符合不同行业规范和处理分析需要的隐私保护算法及应用实现还需进一步研究。

六是流量识别技术保障工业互联网数据全流程被安全监测与防护。流量识别技术主要通过分析或解析采集到的网络数据，确定各个数据流的业务及数据类型等内容。目前，流量识别的方法主要包括基于网络端口映射的流量识别方法、基于有效载荷分析的流量识别方法、基于流量行为特征的流量识别方法、基于机器学习的流量识别方法 4 类。基于网络端口映射的流量识别方法通过将相关的网络协议或在通信时使用的端口号规则与网络数据包的源端口号和目的端口号映射，识别不同的网络应用。在工业现场，网络环境相对较为封闭，网络中可连接的设备、服务、拓扑结构等都是已知的，基本不会出现大量未知的新应用，已知服务的端口号变更情况也是可获取的。基于网络端口映射的流量识别技术可以保证报文的覆盖率和识别率。基于有效载荷分析的流量识别方法通过分析网络数据包的有效载荷是否与特征识别库相匹配来确定网络流量类别，该方法须预先建立网络流量的应用层特征识别规则库，并通过分析有效载荷中的关键控制信息来验证其是否与规则库中的某一特征识别规则相匹配，进而确定该网络流量类型。在工业网络中，常见的工业协议的指纹特征长度较短，即用来识别的负载特征较短，例如 OPC、Modbus、IEC104 等协议，可以用来作为指纹特征的字段长度不多于两个字节,如果使用基于报文负载特征的流量识别技术,将带来较高的误报率。但是,当使用基于网络端口映射的流量识别技术无法识别协议时,可使用报文负载特征的流量识别技术来区分它们。基于有效载荷分析的流量识别方法主要采用深度包检测(DPI)技术和深度流检测(DFI)技术,DPI 技术是目前较为准确的一类流量识别方法,在工业界应用广泛,也是部署高速网络环境的最佳选择。随着工业云平台、工业 App 等工业应用场景的增多,工业互联网数据安全监测与防护需求增强,催生了以流量识别技术为基础的网络流量分析(network traffic analysis,NTA)技术,其包括深度包检测、协议识别与还原、大数据采集和分析、安全检测引擎、漏洞挖掘和分析、渗透及攻防等技术,面向智能化生产、网络化协同、个性化定制和服务化延伸等网络交互场景,进行基于流量监测的数据安全防护,支撑工业流量采集、工业协议识别和解析、工业敏感数据违规传输监测、工业数据泄露监测、数据安全事件监测、数据安全威胁溯源分析等具体应用场景。为了应对工业互联网的新兴技术和纷繁复杂的应用,面向工业互联网私有协议、加密协议的未知协议识别技术,加密流量识别技术也将是未来发展方向。

七是建立数据灾备机制,保障工业互联网数据的安全与业务的连续性。容灾备份是通过在本地或异地建立和维护备份存储系统,利用地理上的分离来保证系统和数据对灾难性事件的抵御能力。根据容灾系统对灾难的抵抗程度,可分为数据容灾和应用容灾。数据容灾指建立异地的数据系统,对本地系统关键应用数据进行实时复制;应用容灾比数据容灾层次更高,即在异地建立一套完整的、与本地数据系统相当的备份应用系统。在工业互联网数据安全方面,应建立工业互联网数据灾备机制,一般应根据备份/恢复数据量大小、应用数据中心和备援数据中心之间的距离和数据传输方式、灾难发生时所要求的恢复速度、备援中心的管理及投入资金等因素,设计合适的容灾备份系统。

第四章　工业互联网云侧的安全防护技术

第一节　以数据安全为主的工业互联网云侧的安全防护技术

数据是工业互联网的重要资源,也是其发展的原生动力。因此,工业互联网云侧的安全防护将以数据安全为主,数据安全是工业互联网信息安全防护技术的重要内容。

工业互联网的重大进步之一是可以使用外部网络计算能力分析和控制 OT 基础设施,这种使用远程服务器而不是本地服务器或计算机存储、管理和处理数据的方式被称为云计算。云安全联盟等国际组织为云计算的架构和安全提供了充分的技术和实施导则。在一个典型的工业互联网系统中,成千上万的现场设备与一个云平台系统通信,并且可以在这些设备中存储数据。然而,工业互联网企业使用共享的第三方服务,提供商需要创建许多信任边界,这些边界会影响安全性和隐私性,必须使用技术手段保护信息安全和数据隐私。流入控制系统的信息必须受到充分保护,并要保护物理过程的安全性和弹性。例如,恶意攻击者窃取的凭据可能允许攻击者远程控制物理基础设施(如各种工业现场控制终端),并同时攻击供应商的许多关联客户,此外,对其他云客户或平台的攻击可能会形成传播态势,从而触发对整个供应链条参与者的攻击。

工业互联网云端的各种应用主要构建于来自产品链中多方参与者的海量数据之上,因此,工业互联网云侧的安全防护技术应以数据安全防护为主。工业互联网中的云体系架构允许隔离和最小化来自云计算系统的风险。然而,尽管基于云的智能制造过程考虑了一些基础的安全措施,但并不能实时处理安全事件,也不能识别系列网络攻击行动的相关性,更无法进行预测。根据用户对云技术提供的服务类型和企业组织的需求,工业互联网中的云计算部署模型可以有公有云、私有云和混合云,这三种模型是根据制造企业基础设施的位置和对其具有控制权的实体定义的。选择云部署模型是最重要的决策之一,每个模型都以不同的方式满足组织需求,涉及不同的相关成本,并且具有不同的优缺点。从数据安全的角度分析,建议使用私有云,尤其是信息分类级别较高的工业互联网企业。尽管公有云为制造企业提供了降低成本和提高速度方面的优点,但由于网络攻击和人为的或技术的错误,它在存储和处理数据方面存在很高的风险。混合云可以被认为是一种折中方案,综合企业云计算方案在实施过程中所需的成本,以及所需的必要的安全防护能力等方面的因素,混合云适用于不涉及敏感数据或敏感信息的组织。云计算技术具有两个基本要素——面向服务的体系结构和虚拟化机制,为了确保工业生产环境中的云安全,并结合工业互联网对各类数据进行采集、传输、分析形成智能反馈的基本趋势,主要从面向服务的体系结构和虚拟化机制方面部署相关安全方法和技术。

保护由传感器驱动的工业互联网运行产生的数据安全,以及应用程序创建、存储和使用的敏感数据安全,是工业互联网系统可靠运行的重要基础之一。从广义上讲,数据安全保护措施能够防御对关键数据和工业互联网系统内部和外部的干扰和攻击,这些措施贯穿于工业大数据的整个生命周期,即从生成数据到销毁或安全存储数据。对静态数据、动态数据和使用中的数据采取适当的措施,可以在更广范围内应用工业互联网及其服务的安全性。若未能采取适当的工业数据保护措施,将对工业互联网系统产生严重后果。例如,正常服务中断反过来影响产品质量和服务能力;严重工业生产事故;由于敏感数据泄露及未能及时发现和报告,导致发生重大监管问题、知识产权损失和对产品品牌声誉的负面影响。以数据安全为主的工业互联网云侧安全防护技术应包含:数据安全级别,数据安全性、可靠性、弹性和隐私性所需的措施。并且为确保兼容性和实用性,这些技术还应基于现有行业指导和合规性框架[如 IISF(IIC-IISF 2016)、IEC 62443、IEC 61508 和 CSA CCM(云计算安全标准)]的有关内容,覆盖工业互联网安全和数据保护的各个方面。

一、工业互联网数据安全的基本概念

IIC、OMG 和 IEC 等国际组织在工业互联网数据方面有一些基本的术语或技术概念定义。数据保护是一个包含相近和重叠领域的总称,包含数据安全、数据完整性和数据隐私。一般情况下,信息安全专家将"数据保护"与"数据安全"互换使用,但为适应复杂的工业应用场景,工业互联网数据安全将数据保护概念进行延伸,包括完整性和隐私保护。

工业互联网数据安全可靠性包括数据信息安全、隐私、可靠性、弹性和功能安全。

(1)数据信息安全。数据信息安全是指保护数据资产不受意外或未经授权的访问、更改或破坏,确保数据的可用性、完整性和机密性。数据完整性是指确保数据没有发生未经授权更改或销毁数据资产的情况,数据机密性是指使用加密技术和匿名化等机制确保数据的使用和访问等过程受控。数据持有也是数据的信息安全属性,指的是确保强制持有和保持数据的不变;数据控制则指控制跨不同管辖区域的数据传输,确保其信息安全。

(2)数据隐私。数据隐私是指个人、组织或机构等控制或影响收集和储存与自己有关的信息的权利,以及由谁和向谁披露这些信息的权利。

(3)数据可靠性。数据可靠性是指数据记录可追溯,数据结构及内容清晰可见,与操作同步生成/录入。而且是未经改变的第一手数据。与实际操作相一致,无主观造假或客观输入错误。数据是无遗漏的,与实际生成逻辑顺序一致,现实的记录人同实际操作者一致。原始数据长久保持,不易剔除、遗失,并且对数据的审核是可执行的,没有被隐藏。

(4)数据弹性。数据弹性指工业生产环境中需要的数据,在各种状态条件下的可用性。

(5)功能安全。功能安全指具有功能安全属性特征的数据。

在行业中使用的另一个与数据保护有关的术语是数据机密性,指的是一种不向未经授权的个人、实体或流程提供或披露信息的属性。

以数据安全为主的工业互联网云侧安全防护技术主要关注工业数据保护领域的最佳实践,并强调数据安全在其中所起的核心和支持作用。

(一)数据泄露会导致多重负面后果

数据泄露可能违反工业互联网不同环节的数据保护要求,进而使整个链条出现多种负面后果。例如,影响个人数据的数据泄露行为将违反数据隐私法规或条例,如果该数据对业务敏感,那么同样的违规行为就违反了数据保密要求。数据泄露可能导致多种不良后果。

数据保护策略必须减少和防止多种类型的数据保护风险,而要实现这个目标,需要数据安全资源与数据遭受破坏的利害相关职能部门积极参与和协调。

(二)工业互联网中要保护的数据类别

数据保护涉及工业互联网组织或机构中的所有数据和信息,如操作数据、系统和配置数据、个人(机构或组织等)数据和审计数据。

(1)操作数据。在工业互联网中,运营数据是指在现场正常业务运营过程中产生的任何数据。这些数据是由安装在生产控制现场的传感器/电子装置和控制器(如 SCADA 设备、PLC 设备或控制器设备)生成的。操作数据包括连接到物理过程和现场设备的传感器生成的数据、电子控制器和设备生成的数据,以及从外部网络发送到现场环境的控制数据。这些数据有两个主要用途:为基于状态的维护提供依据,作为现场设备的监控与分析的基础。

(2)系统和配置数据。指与工业互联网现场设备交换的数据,目的是使现场设备能够按照设计和运行要求运行,且必须在整个系统运动和静止时保护这些数据的信息安全。

(3)个人数据。指能够识别个体或个体特定特征的数据(或信息),如姓名、性别、身份证号、地点、出生日期、位置、文化、工艺特征、在线设备标识符信息等;生理的、遗传的、心理的、医学的、财务的信息;薪金、业绩、福利;种族、宗教、政治观点、生物特征信息等。隐私法律和法规(如欧盟的 GDPR)对个人数据的处理进行了规定,其定义因司法管辖区域而异。

(4)审计数据。根据美国 NIST 关键信息安全术语表的定义,审计数据是"系统活动的时间顺序记录,以便能够重建和检查事件序列和事件变化"。工业互联网系统在其架构层(边缘、云等)的各个层级生成审计数据,但必须对其进行保护,并确保数据的真实性和可靠性。

(三)静止数据、运动数据和使用中的数据

互联网基础设施安全框架(Internet Infrastructure Security Framework,IISF)将数据保护的要素分为以下几类:

（1）终端节点数据保护；

（2）通信数据保护；

（3）配置数据保护；

（4）监视数据保护。

根据数据状态是静止（DAR）、使用中（DIU）还是运动中（DIM），将使用不同的数据保护机制和方法。工业互联网静态数据是指在工业互联网生产活动的生命周期的不同时间存储的数据，静态数据易受攻击者操纵，必须保护其机密性、完整性和可用性，常用的技术手段为数据加密和复制。AES-XTS［最初称为 Bitlocker，一种磁盘加密模式。AES 指高级加密标准，XTS 即 XEX（XOR-ENCRYPT-XOR）密文窃取算法的、可调整的密码本模式］技术被广泛用于加密非易失性（可移动）存储介质上的固定长度扇区。AES-XTS 算法专门用于保护静态数据免受磁盘空间中特有的攻击破坏，但不适用于其他应用程序，如运动数据（用于保护运动数据的算法也不适合在静态数据上下文中使用）。工业互联网使用中的数据是指正在处理的数据，在使用数据时，如果数据未加密地从内存发送到处理器，则很容易受到攻击。数据转换、访问控制和安全内存是保护正在使用的数据的一些方法。工业互联网的运动中的数据是指从一个位置共享或传输到另一个位置的数据，网络是整个工业互联网系统中最易受攻击的目标之一，数据在移动时应受到保护。使用 TLS 协议的网络级安全防护技术，是目前保护处于运动中的数据的最常用方法，由于 TLS 协议是点对点的，因此必须信任 TLS 协议通道的终端节点，并避免中间的转发操作。

二、数据安全的基本内容

工业互联网数据安全内容包括密钥管理、可信根、身份认证、信息的抗抵赖性、访问控制、审计和监测、保护使用中的数据。

（一）密钥管理

从根本上讲，受密码学保护的信息的安全性直接取决于其密钥的强度、与密钥相关的管理机制和协议的有效性及对密钥本身的保护。《NIST SP 800-57Pt.1 密钥管理导则版本 4》将密钥管理定义为：在密钥的整个生命周期内（从生成到销毁）及其中的所有阶段管理密钥所需的操作。表 4-1 定义了密钥生命周期管理相关的最佳实践。

表 4-1 密钥生命周期管理相关的最佳实践

生命周期阶段	密钥生命周期管理的最佳实践
生成	密钥生成过程的强度取决于随机数源生成不可破解密钥的能力,必须保护随机数源的完整性,对于增强的或关键的安全级别,只能使用经过授权的加密硬件产生的随机数
注册	将密钥与将要使用该密钥的用户、设备、系统或应用程序相关联
存储	密钥的存储方式必须使其只能由授权用户或应用程序访问,密钥应与其所保护的数据分开存储,并且绝不能以明文形式存储(密钥本身必须用不同的密钥进行加密)。在可能的情况下,对于增强的或关键的安全级别,密钥应存储在专用的、经审批的硬件中,如可信平台模块(TPM)。在没有这类硬件的情况下,可以使用其他形式的密钥保护机制(如白盒加密)保障安全性
密钥创建	工业互联网中的密钥的创建方式有三种: ①在内部通过计算生成密钥(使用批准的随机性源)。 ②基于工业现场设备内部物理特性计算密钥,该特性基于某种属性在不同设备之间是唯一的[物理不可克隆函数(physical unclonable function, PUF)],SRAM 或处理器内部总线是商用 PUF 的例子。 ③以受控方式接收来自外部输入源的密钥,在这种模式中,密钥从外部生成然后发送到工业控制设备。但需要一种安全机制将密钥从生成或存储位置传输至即将使用该密钥的设备或应用程序。同时,还需要事先建立一个可信连接,通过该连接可以在不同系统或设备之间安全地共享密钥。 ①和②的优点是密钥不会离开设备,③具有密钥质量较高的优势,因为外部的密钥创建系统可以构建在资源充裕、性能较高、投资较大的平台中。 ①和③通常要求设备只允许进行一次性操作,或在非常受控的情况下进行
密钥使用	必须尽最大努力减少使用过程中的密钥暴露,包括根据最小特权原则控制对密钥的访问,仅将密钥用于单一目的,以及在加密操作完成后从工作内存中删除密钥(参考《IEC62443-3-3 工业通信网络·网络和系统安全》第 8.4.3.1 部分),更专业的密钥使用保护技术通常涉及专业的商用工具。 **典型案例包括:** ·数据转换状态,即对数据的改变和操作,允许以不受保护的数据永远不会出现在内存中的方式进行数据计算。将使恶意攻击者对数据的理解更加困难,同时也允许应用程序保留其原始行为,这种模式可以保护密钥,也可以在解密后保护明文数据。 ·白盒密码技术,是一种加密算法的强化实现,专门用于完全隐藏密钥或使其保持在上述的数据转换状态。

表4-1(续)

生命周期阶段	密钥生命周期管理的最佳实践
密钥翻转	必须定期更新密钥控制泄露风险,考虑到攻击者根据密钥长度猜测密钥可能需要的时间,根据《IEC62443-3-3 工业通信网络·网络和系统安全》第8.5.2 部分,也可以在《NIST SP800-57Pt.1 密钥管理导则版本 4》中找到普遍接受的实践,或在 ISO/IEC19790 中找到实施要求。此外,《NIST SP800-131A 密码算法变换和密钥长度的使用版本 2》提供了加密算法和密钥长度的指导
密钥备份	如果加密的密钥丢失,则加密的数据将无法恢复,会带来潜在的可用性问题。适当的密钥备份策略可以确保仅创建最少数量的密钥副本,并且密钥备份的存储过程受到严密的保护
密钥恢复	当出现必须从备份中恢复密钥的意外情况时,必须制定相应的策略和程序,确保在不暴露密钥的情况下仅由授权方恢复密钥
密钥撤销	泄露或疑似泄露的密钥必须被撤销或替换
密钥存档	当密钥不再用于加密时(如已过期),需要过渡一段时间,因为仍然可能需要解密尚未更新到新密钥的操作数据
密钥销毁	应该销毁不再使用的密钥,包括所有密钥副本,而销毁密钥操作是销毁所有加密数据的有效方法,前提是可以证明密钥的所有副本都已被正确销毁

密码算法通常被用作基本要素,支撑适合特定用途的信息安全防护操作模式,实现所需的加密属性。例如,AES 是一种标准的分组密码算法,用于创建不同操作模式的基本构件。每种操作模式都有不同的属性,如机密性或真实性。设计用于不同环境的多种操作模式,或具有防御各种形式的攻击的特定数学特性。有时也可以多组加密算法组合使用,创建具有多种属性的不同操作模式。FIPS 140-2 定义了加密模块所需的特定功能,其中重点是保护密钥数据(和源数据)、密钥管理角色(创建、加载、存储和销毁)及围绕密钥使用(或消耗)方式的其他角色;还定义了密钥、明文和密文的接口;同时讨论了模块的设计和功能,包括入侵检测和结果操作、功能的有限状态建模,以及 EMC/EMI 辐射和自检过程等。加密模块可以遵循四个增量安全级别,第一个级别侧重于软件加密模块,而其他三个级别则需要不断增强的硬件支持。FIPS 140-2 建立了一种加密模块验证程序(CMVP),这是 NIST 和 CSE 的一项联合工作,模块供应商可以使用 CMVP 认证其模块产品。每种模块都必须说明

一组加密算法、操作模式和所产生的加密模块能实现的功能。为确保安全性,使用这些加密模块的用户应确保其系统中仅使用CMVP认证成功的模块。

(二)可信根

由于工业互联网设备的设计成本低、资源消耗少,因此使用传统方法对其进行保护比较困难。以合理的成本保护工业互联网设备的有效机制之一是从基于硬件的可信根获取所有信任。由于工业互联网中存在许多可能的攻击载体,企业或组织需要一种解决方案确保特定工业互联网终端节点是可信的,并且可以安全地用于业务操作。传统的方法是在基础设施的不同层(包括端点、网络、云等)建立纵深防御体系,并进行安全控制。工业互联网终端节点必须具有安全可控制性,实现检测并可能防止终端节点中的恶意攻击行为。为了加强工业互联网系统部署的良好安全性,纵深防御的方法应该从终端节点中的硬件可信根获取信任。硬件可信根提供安全的身份、安全的通信、安全的存储,通常还有安全的执行环境,还能够使设备安全地进入引导过程,因此只有经过完整性认证的软件才能在设备中运行。当设备启动时,信任链从引导加载程序开始建立,然后是BIOS,接着是操作系统加载程序、操作系统,最后是应用程序。顺序启动级的认证有两种实现方式。

(1)安全的启动——硬件可信根认证引导加载程序的摘要,并将其与系统所有者提供的受信任摘要进行比较。引导加载程序依次认证BIOS,依此类推。如果任何组件的摘要与受信任的签名摘要不匹配,则停止执行启动序列。

(2)可测量的启动——每种组件都测量其自身的摘要,并将其存储在一个安全的位置,以便将来进行审核,并与受信任的签名摘要进行比对。在测量引导中,即使组件摘要与签名的信任值不匹配,执行序列也不会停止。

在安全引导中,硬件可信根在每个阶段都获取下一阶段的代码测量值,并将其与瞬时测量值进行比较。在测量引导中,每个阶段都只对下一阶段进行瞬时测量,并将其存储在安全存储器中,以便进行日志记录和审计。硬件可信根以不同的组合形态处理工业互联网设备中的安全问题,并用于形成不可改变的可信根。这种不可改变性被称为硬件可信根,但并不反映其实现的细节。硬件可信根可以由一个专用芯片实现,如可信平台模块(TPM)或基于处理器的硬件可信根。有时处理器内的专用电路可以用于保护数据或软件。其他类型的硬件可信根保护可升级的软件,并在外部闪存中实现。白盒密码技术使用数学方法隐藏软件中的密钥,通常是可更新的,以便于开发人员随着时间的推移更新扩展防御能力。白盒密码技术能够在没有硬件可信根的情况下保护密钥,并且可以与硬件可信根结合使用以提高数据安全性。目前,已有几种使用处理器实现硬件可信根的商用产品。其中,ARM TrustZone 是一种基于片上系统的硬件安全方法,该方法提供一个安全区域,用于安全存储和执行。处理器分为正常模式和安全模式,安全模式可以访问正常模式中的任何内容,而正常模式只能通过受访问控制的消息管道访问安全模式中的数据。内存、外围设备、执行和中断在硬件层级都是分离的。Intel TEE 包含各种基于 Intel 硬件的安全技术,如 Intel Trusted Execution Technology(TXT)、Intel Software Guard Extensions(SGX)和 Intel Platform Trust Technology(PTT)。TXT 通过创建测量的启动环境(MLE),将启动环境中的所有关键元素与可信映象比较,从而提高 Intel 平台的安全性,使其免受潜在的虚拟机监控程序攻击、BIOS 或其他固件攻击及恶意的 rootkit 安装。

(三)身份认证

工业互联网中的敏感数据需要认证加密,以防止非授权用户查看此类数据。加密的作用是保护数据的机密性,认证的作用是确保消息没有被恶意改变,并且可以保护加密算法和密钥长度。加密的优势明显,但成本很高,在对工业 OT 数据进行数据加密之前,应考虑效果、攻击威胁向量和通用安全策略的差异化等因素。常用的加密最佳实践是以不可分割的方式,将认证与加密结合起来使用,因为这样可以有效地抵御网络空间中所存在的多种攻击类型。认证加密还可以保护未加密的协议数据报文头和其他字段信息,称为关联数据认证加密。商业利益和技术实现通常被工业企业孤立地考虑,美国工业互联网联盟安全框架提供了关于如何考虑安全动机的导则,其中包括公司内部跨职能角色的加密功能。在对产品或系统进行设计之前要对防护目标进行界定,将产生更紧凑、高效的加密策略,该策略将确定哪些内容应该加密,哪些内容不应该加密。此外,产品设计人员可以将包含业务和技术的策略转换为技术需求,以权衡工业互联网产品的功能、性能和安全性(包括加密功能)。例如,保护运动中的数据可以从两个层次考虑安全性:传输级别的安全性、数据级别的安全性。安全传输层协议(TLS)或数据包传输层安全性协议(DTLS)使用美国国家安全局推荐的加密技术保护通信传输层,从而在两个会话参与者之间建立安全通信通道,即"单播"。数据分布式服务(DDS)安全性将产品设计人员所需的加密技术应用于数据安全,这种安全能力在应用层使用。因此,在将用户数据封装到传输消息之前可以对其进行加密,如果特定数据不需要保护,就可以在安全性和设备性能之间进行权衡。应用程序级安全性提供了"安全多播"的优势,可以随着数据量的增加减轻网络负担。

可以使用相互认证的方法建立会话密钥。保护数据通信的第一步是在数据的发起方和接收方之间建立可信任的通道。在许多工业互联网应用场景中,两个终端节点甚至可能并不知道对方的存在。成功建立可信任和受保护的数据交换通道的基础条件是,两个终端节点必须先进行相互认证,并在此过程中生成可用于加密和认证它们之间消息的会话密钥。当双方在线时,会话密钥应该使用具有完全前向保密性的加密技术建立。完全前向保密性是指即使攻击者知道设备的私钥,攻击者也无法访问以前使用当前已经泄露的设备私钥建立的会话密钥所保护的消息,因此攻击者无法冒充现在已泄露私钥的设备。为了在两个终端节点之间建立信任,需要使用非对称密钥和支持完全前向保密的算法[如 Elliptic Curve Diffie-Hellman(ECDH)]建立会话密钥。当会话密钥与 AEAD(authenticated encryption with associated data,关联数据的认证加密,一种同时具备机密性、完整性和可认证性的加密形式)密码一起使用时,双方都可以确保消息没有被篡改,从而极大地提高系统的可靠性。

此外,TLS 协议可以配置为使用临时密钥确保完全前向保密性,该协议还可以配置为仅使用 AEAD 密码。相互身份认证的本质是能够实时证明网络会话参与者可以访问的、与 X509 证书中的公钥成对的非对称私钥。身份认证需要使用合适的非对称签名算法,如 RSA(PKCS1.5 和 PSS)和 ECDSA(elliptic curve digital signature algorithm,椭圆曲线数字签名算法)等。

(四)信息的抗抵赖性

AEAD 密码可以解决动态数据的消息安全问题,因为发送方和接收方都知道双方商定的会话密钥,这意味着任何一方都可以(原则上)更改数据,并重新对其进行身份认证,然后声称另一方更改了数据。因为没有额外的记录或跟踪数据机制,会话双方中的任何一方都不能证明另一方负有责任,从而难以追责。目前已经有几种方法可以解决这个问题,包括常见的数字签名技术,即发送器在传输之前对数据进行数字签名。为避免出现通信会话中的任一方拒绝签名的情况,可以使用诸如证书颁发机构(CA)之类的可信第三方客观地认证数据生产者的身份。在一些情况下,较为谨慎的做法是让数据接收者签名接收,或将数字签名信息发送给中立的第三方"时间戳"提供者。在这两种抗抵赖需求情形下,只有仅对数字签名进行验证才能节省带宽。

(五)访问控制

数据保护的第一步是禁止未经授权的访问,通过实现一个安全的授权系统并使用该系统实施访问控制,可以防止未经授权的访问。安全的授权系统应该以由组织策略、域安全需求、法律需求和其他需求组成的综合安全策略为基础。这些策略通常用人类可以解释的机器语言编写,并对静态数据所涉及的数据存储库、传输中数据所涉及的通信通道,以及使用中的数据所涉及的应用程序进行访问控制。访问控制系统作为所有数据访问行为的参考监视器,意味着所有的访问路径都将通过访问控制系统,并且没有其他路径可以访问数据。例如,对于处于运动中的数据,DDS 可以通过用户配置的分布式连接库实现这一功能,在应用程序可以使用数据之前,数据通过这些库传输。TLS 和 DTLS 通过安全代理实现访问控制,安全代理指定哪些客户端可以访问特定的通信通道。在对数据进行保护之前,应根据敏感度对其进行分类,如非密、内部、秘密、机密和绝密。数据将被贴上安全保密政策规定的密级标识,一旦数据被编码,相应的安全机制就可以满足策略的要求。安全策略定义了可以访问每种类型数据的角色,还指定了需要实施的安全控制措施,从而保护各类数据不受未经授权的访问。基于安全策略的方法提供了访问控制的灵活性和弹性,授权系统的所有组件都应是安全的,并且应具有容错性和冗余性,以确保高可用性。

值得注意的是,数据访问控制机制通常适用于在约定的范围(如DDS或文件系统)内操作的参与者。网络中未经授权的其他物理实体仍然可以嗅探序列化的数据,并解压缩敏感数据,或者未经授权的内存或硬盘扫描也可能会暴露敏感信息。

(六)审计和监测

对工业互联网系统进行持续监测可以掌握系统的当前安全状态,验证系统是否按预期运行,是否未发生违反策略的情况,以及是否未发生任何安全事件。而在没有监测系统的情况下,系统操作员将无法确定系统安全状态,也无法确定当前对系统正在进行的输入性操作是否为攻击行为。可以使用具有监测工业互联网系统事件,并向安全操作中心报告危害指标功能的代理实现监测目标,或者将系统日志导出到日志融合系统,并在该系统中对数据进行危害指标分析。需要使用系统监测、日志记录和审计操作对工业互联网系统进行故障排除和取证分析。在野外偏远地区的石油和天然气生产作业现场,通信环境具有低带宽和高成本的特点,监测数据的访问情况面临很多困难。安全日志的传输会产生相关的成本,并且安全日志会与在同一低带宽链路中传输的OT数据竞争带宽资源。因此,安全日志在传输前应该进行预处理和压缩,确保可用的通信带宽资源达到最佳利用状态。与安全事件相关的信息不能在预处理过程中丢失,因为日志信息被破坏将导致事件的重构变得不可能。可以通过在本地存储系统日志,以及在定期维护访问期间进行脱机备份解决该问题。

(七)保护使用中的数据

目前工业互联网正处于不断发展过程中,但缺乏标准化的方法保护工业数据。访问控制技术仅能限制数据的访问实体,也有其他技术侧重于限制数据可访问的位置,尤其是试图确保数据不会出现在未受保护的工业控制设备内存中。可信执行环境(如硬件可信根及可信执行环境等)在一个单独的区域中执行计算,使用专用的和受保护的内存和处理器。在可用的情况下,硬件可信根有效地限制了访问,因为只有在可信执行环境中才可以看到正在使用的数据。数据转换涉及基于软件的技术,这些技术修改要使用的数据,并对该数据执行相应操作。数据在使用过程中始终保持转换过的状态,换句话说,不受保护的数据永远不会出现,所有计算操作都以受保护的形式对数据进行操作,与那种在计算操作之前临时删除进而显示未受保护数据的隐蔽方法截然不同。数据转换使攻击者更难在软件和数据执行运行时对其进行分析,因为实际内容和功能是隐藏的。白盒密码是一种特殊形式的数据转换,应用于数据(密钥和明文/密文)和密码算法的操作。当预先知道加密/解密密钥时,操作过程被改变并预合并密钥,从而将其作为动态输入从存储器中完全移除。在另一种形式中,在数据转换状态下加载密钥,并且进行修改操作,从而直接处理经过转换的密钥。开发人员可能会在代码中为白盒加密实现设置一个占位符,在构建应用程序时,该占位符将与实际代码一起实例化。许多情况下,可能需要多种技术组合,以及强大的访问控制和审计,以便在发生违规时有效地调查取证。

三、数据完整性

数据完整性是指在数据的整个生命周期中保持数据的准确性和有效性,以确保数据不被擅自更改或销毁。在工业环境中,数据完整性和系统完整性密切相关,因为对工业系统和通信通道的操作会直接导致数据完整性的损失。数据完整性应考虑以下几方面。

(1)数据的准确性:基于不准确数据的运营或业务决策可能是错误的。

(2)数据的实时性:尤其是工业控制系统,对延迟敏感;如果无法保证全时网络连接,数据可能出现不完整或丢失。

(3)数据防篡改保护:由人工操作或被未经授权的软件损坏的系统进行的数据操作,可能会中断正常生产控制并产生安全问题。

(4)数据错误纠正:非故意错误可能有多方面的原因,如人为误操作、通信协议数据包错误或者错误的配置。

恶意攻击行为可能故意破坏数据完整性,也可能在通信或存储过程中无意破坏数据完整性。数据完整性保证是通过检测完整性冲突的加密控制机制实现的,实际的控制过程取决于数据的生命周期阶段。数据完整性可分为物理完整性和逻辑完整性,取决于产生完整性冲突的原因是存储或传输的物理问题,还是数据分析的逻辑问题。

当数据在工业环境中产生后,通常通过各种 PLC、SCADA、DCS 或 RTU 的通信协议发送至同一网络的网关。当使用不安全协议时,数据完整性会受到破坏,建议实施保护。网络隔离和网络访问控制是附加的安全控制手段,可以改善工业互联网环境中的数据完整性。工业互联网设施通常有一个边缘设备,通过协议转换,可以使用标准协议与外部网络进行通信。工业现场控制设备使用各种无线通信技术进行远程通信,通过标准 IP 互联网协议传输的数据,应使用 IP 互联网标准的网络安全措施包括 IPSec 或 TLS 等保护数据安全。对于高度敏感的数据,应用程序级的加密技术可以为动态数据提供机密性和完整性,如 AEAD 密码技术。当工业生产控制数据需要长期存储时,应对数据进行加密,从而提供机密性和完整性保护。当使用数据时,不得使用未经授权的方式对数据进行修改,必须控制对内存位置和寄存器的访问。当数据从生产者发送到消费者时,其完整性应该是可验证的,方法是使用密码算法(如使用非对称密钥的数字签名或使用对称密钥的 HMAC)在数据源端创建可在目的端验证的安全数据摘要。安全数据摘要在数据的生命周期中一直伴随数据,在使用者使用数据之前,应该验证安全数据摘要,确保数据完整性。

工业互联网数据的机密性涉及保护敏感、机密或专有信息不被泄露,通常由加密机制提供。加密机制限制了只有拥有解密密钥的人读取这些信息的能力,从而保护了数据的机密性。工业互联网数据完整性意味着不可更改性或防止更改,而并不是机密性。工业设备中的温度传感器的读数一般不被视为机密信息,因此在特定环境中没有进行加密保护的价值。然而,如果温度传感器的应用场景是指示外界环境的正常值,对读数的篡改将触发告警并中断控制操作时,加密手段如消息验证码和数字签名,可用于确保该类数据的完整性。数据完整性是许多行业的共同话题,NIST 创建了数据完整性相关标准,该标准由 3 个指导文件组成:《数据完整性:识别和保护》《数据完整性:检测和响应》《数据完整性:恢复》。这些文件符合 NIST 网络安全实践指南《数据完整性:从勒索软件和其他破坏性事件中恢复》(SP 1800-11)的要求。

四、保护工业互联网基础设施

保护工业互联网基础设施需要一个严格的深度安全策略:保护工业互联网云侧的数据,在工业互联网数据通过公共互联网传输时保护其完整性,安全的数据供应装置。应在工业互联网设备和基础设施的制造、开发和部署的各参与方的积极参与下,制定和执行深度安全策略。

一方面,不同的工业互联网设备,如运行普通桌面操作系统的计算机和运行轻量级操作系统的设备,其功能各不相同,使用各种不同的设备,应遵循这些设备制造商提供的安全部署最佳实践;另一方面,一些遗留的或型号老旧和资源受限的工业设备不是专门为工业互联网部署设计的,因此缺乏加密数据、连接互联网或提供高级审计的能力。在这些情况下,安全现场总线网关可以提供安全认证、加密会话协商等功能,同时汇聚来自老旧或遗留设备的数据,并提供通过因特网连接这些老旧设备所需要的安全性保障。

五、数据保护和工业互联网可靠性

IIC 关于工业互联网的可靠性框架体现了工业互联网不仅仅是信息通信网络的观点,为了使工业互联网系统能够按照业务、法律和环境要求运行,尽管存在环境干扰、人为错误、系统故障和攻击,但必须始终符合工业互联网系统的安全性、可靠性、可恢复性和隐私性要求。数据安全以及数据保护在确保工业互联网可信度特征(隐私、可靠性、弹性和功能安全)方面发挥着核心作用。

数据安全在工业互联网系统的安全上下文中发挥着重要作用,工业自动化领域已经制定了明确的标准对功能安全进行定义,且对工业系统的数据保护也属于功能安全的范畴,因为对这些数据的操作可能导致安全事故。IEC 61508 是功能安全的代表性标准,适用于构建工业互联网电子控制器的电气、电子和可编程电子安全相关控制系统(EEPE)的功能安全。该标准覆盖整个安全生命周期,并采用基于概率风险的系统安全方法,该方法的出发点是风险只能最小化,但不能消除。将不可容忍的风险降到最低,可以得到最优的、经济高效的安全方案。该标准针对每个安全功能的安全完整性等级(SIL),是考虑系统生成和使用安全的关键风险评估方法。数据保护技术保护关键工业数据的机密性、完整性和可用性,并建立其真实性,同时提供抗抵赖能力,是此类风险评估的重要组成部分。风险评估应考虑任何缺失的数据保护功能对系统的影响,数据受损的影响和可能性决定了风险的种类及其严重性,严重性将表明为应对这种风险而采取何种程度的安全措施是合理的。

IEC 61508 标准还建议将控制系统和安全系统分开,由于数据保护方法必然会影响安全系统,而不仅仅是控制系统,因此针对数据保护方法增加了进一步的要求。

数据保护(尤其是安全性)在其他可靠特性方面,特别是系统可靠性和系统弹性方面起着关键作用。

六、工业互联网数据保护的其他方面

(一)数据隐私

个人数据,如医疗行业和工业互联网中的私人定制用户的数据,必须根据适用的数据隐私法律法规进行保护。数据隐私是在适当的情况下使用个人信息,“适当”的尺度取决于上下文、法律和个人的期望。此外,个人有权控制信息的收集、使用和披露,并有权控制或影响可能收集和储存的与自身有关的信息,以及掌控这些信息的公开方式及渠道。数据隐私规定了个人数据应该如何处理,可以采取什么样的行动,以及执行这些行动的主体。数据隐私保护的相关法规在不同的司法管辖区迅速发展,而且越来越严格。因此,在工业互联网领域遵守这些法规的方式需要结合实际情况考虑。

“设计隐私”和“默认隐私”是指一种系统工程的方法,要求在系统的整个生命周期中考虑隐私问题。数据隐私法的典型例子是《欧盟一般数据保护条例》(GDPR)。GDPR 赋予数据主体对其个人数据的广泛权利,即隐私权;访问权:数据主体有权访问其个人数据并了解这些数据是如何被处理的;更正权:数据主体有权要求更正其不正确的个人数据;删除权:数据主体有权要求删除其个人数据,除非这些数据为法律义务、行使权力或保护他人权利所必需;限制处理权:数据主体有权要求限制对其个人数据的处理;数据便携权:数据主体有权将其个人数据从一个服务转移到另一个服务;反对权:数据主体有权反对其个人数据的自动化决策,特别是当这些决策对数据主体的权益产生重大影响时。

为了使工业互联网数据安全方面的解决方案符合 GDPR 要求,制造企业必须利用数据安全机制,如密钥管理、身份验证和访问控制等技术机制。

（二）数据最小化

从数据主体收集的个人或用户数据必须降低到处理特定目的所需的最低水平,收集的数据的范围和数量是特定的、充分的、相关的并且仅限于事务的范围。

（三）数据匿名化

数据匿名化通常用于信息的长期传播,其重点是信息而不是数据主体,在医学研究中该特点尤为突出。数据匿名是一种数据掩蔽方法,永久性地用广义或随机数据替换被认为是个人数据的数据,除个人数据之外的数据将与数据主体没有联系,数据匿名化可以在存储和输出数据期间进行。特别应注意:确定要匿名的个人数据的范围;定义匿名策略,并将敏感数据替换为通用或随机代码,或替换基于数据类型的特定代码;对所述数据实施匿名化过程;确保匿名化操作已在体系结构堆栈的所有层实施,直至物理存储层（如需要）。

（四）数据假名化

数据假名化是一种数据掩蔽方法,用经过编码或掩蔽的数据替换被认为是个人数据的数据,而这些数据在不使用附加信息的情况下,是无法追溯到数据源主体的,编码或掩蔽数据与原始数据主体之间的关系必须在高度安全的环境中单独存储。

假名数据原则上可以在不侵犯隐私的情况下与其他合作方交换,但由于编码或掩蔽数据与原始数据主体之间的关系可以重新建立,因此假名数据必须受到隐私控制。

（五）数据防泄露

数据泄露可能会影响本质上对业务敏感的数据,而这些数据的丢失可能会导致工业互联网多方面的损失,如业务方面的营收损失,竞争优势暴露;利润损失、违规罚款;法律方面涉及的刑事诉讼案件及名誉损害等。

在大多数政府组织中,数据和信息的安全级别(如非密、内部、秘密、机密和绝密)与其公布后可能对国家安全造成的损害的敏感程度相对应,并在高等级应用中使用额外的限制性过滤工具,如 NOFORN。根据具体涉及的使用环境,传统信息技术领域的安全级别分类的原则及实现的方法和机制,进行适当的适应性调整后也可以应用于工业互联网数据。这也意味着必须制定和执行安全策略,根据分配给数据的安全分类标签与分配给用户的安全分类标签,为敏感数据分配适当的数据访问权限。用户有权访问对应权限内的具有安全分类标签的数据和信息,这些数据和信息的级别不能超过用户自己的级别。

安全级别分类方法也可以应用于数据存储或流经的系统本身。例如,一个被认定为存储机密数据的系统是不能被授权接收或托管绝密数据的,也不能让这些数据流过该机密级系统。原因在于对机密数据具有处理能力的系统,缺乏保护绝密数据所必需的技术和管理能力。

(六)数据驻留限制

法律法规可能要求某些类型的数据只能保留在特定司法管辖区的范围内,数据驻留限制与财务数据和健康数据一样常见。数据驻留限制也适用于关键数据(工业敏感参数、生产工艺参数等),并且在数据生命周期的所有阶段都必须确保在司法管辖范围内。

(七)数据的 eDiscovery 和法律封存

合法 eDiscovery(从信息采集到审核,始终使用一种工具、一种技术管理电子发现过程)操作需要使用数据保护方法,工业事故和其他非法事件将导致调查和可能的法律行为。eDiscovery 系统生成和使用的配置数据和生成数据可能与相关调查或诉讼有关,因此这些数据将被视为电子存储信息(ESI),并遵循 eDiscovery 和法律封存流程。

(八)数据生命周期管理

工业互联网数据必然有一个有限的生命周期,如果符合运营、存档、法律和法规的保留要求,就可以创建、存储、使用、交换和最终处置这些数据信息。工业互联网数据的发展趋势是爆发式增长,保留这些数据的时间及删除数据的时间需考虑的因素有:工业互联网系统的生命周期一般为十年甚至数十年(包括设计、建造、运营、维护、退役);工业互联网数据的运营需求和价值;工业互联网数据的分析价值,如预防性、预测性、规范性;工业互联网数据的法律和监管要求。如果工业互联网数据被过度保留,超出了必要和必需的范畴,将会导致系统性能降低和基础设施成本增加,使工业互联网数据的管理可能成为一种负担。过度保留数据还可能增加监管风险,制造企业若保留比必要或基础的数据量更多的数据,可能面临数据泄露、隐私泄露、诉讼等风险。另外,较早地处理工业互联网数据(尤其是历史数据)会导致系统资源和处理能力的损失,还可能增加不合规风险、法律风险和成本。数据生命周期管理是一种平衡行为,必须根据已建立的最新策略系统执行,并进行符合法律要求的审计跟踪。数据生命周期管理的最佳实践必须适应策略的变化及其在生命周期中对数据的影响,如数据机密性要求的变化或数据驻留要求的变化,数据生命周期管理在很大程度上依赖于数据保护机制,尤其是数据安全机制。为了使数据在其生命周期中可信,必须以不变的方式保留数据,从而确保其安全性、完整性、上下文一致和传承关系(数据源和保管链)不变。数据过期时必须触发寿命终止(EoL)处置操作,这是在生命周期策略中为该类型数据规定的操作方式。

对触发数据寿命终止策略中定义的数据的操作可以是以下任意一种:删除数据;将数据的合法保管权移交给其他机构或实体;解密数据然后传输;清理数据(匿名化、假名化),然后将数据进行传输。数据删除可基于预定义的持续时间触发,该持续时间可在创建或捕获数据时或发生外部事件时开始。某些情况下,可能需要在存储堆栈的所有层(包括物理存储介质)强制执行数据删除,可能需要使用能够从物理存储介质中擦除或覆盖数据的特殊系统工具。

保护工业数据安全是工业互联网信息安全防护的关键性问题之一,数据保护措施可抵御对关键数据和工业互联网系统内部和外部的干扰与攻击。如果没有对处于静止、运动和使用状态中的数据采取有效的安全防护措施,将对工业互联网系统造成严重后果,如服务中断、产品质量下降、生产设施损毁、经济效益损失、产生法律诉讼及对品牌声誉产生负面影响等。

第二节　面向服务的体系结构及其安全技术

一、工业互联网中面向服务的体系结构

面向服务的体系结构(SOA)是一种组件模型或流行的软件设计架构,其将应用程序的不同单元通过定义良好的接口和契约关系联系起来。面向服务的体系结构可以从两个不同的角度解释:从商业的角度,面向服务的体系结构代表了一套服务,提升了制造企业与客户和供应商开展业务的能力;从技术角度,面向服务的体系结构是一种以模块化、关注点分离、服务重用和组合为特征的项目哲学,也是一种新的软件开发方法。Web 服务(Web Services)技术构成了面向服务的体系结构的主要技术实现途径。Web 服务是一种软件系统,可以实现通过网络支持可互操作的机器与机器的交互,有一个以机器进程格式描述的接口,用于通知一个服务具体做什么及如何调用其函数。在一般情况下,Web 服务在线交付功能(称为服务)提供了简单的输入和输出接口(屏蔽了其内部结构和编程实现语言),可供其他 Web 服务、软件应用程序或机器,甚至人类使用。通过面向服务的体系结构的概念,可以从可用的组件和服务中高效组装出新的应用程序。在面向服务的体系结构中,企业或机构中的所有应用程序都可以在一个独特的集成通信通道或称为企业服务总线中提供和使用服务,这是一种促进集成的简单方法。在计算机科学领域,面向服务的体系结构定义了将复杂计算过程分解为若干子过程的分散控制体系结构的原则,重点是实现利用可重用和互操作功能块的创建,减少重复编程的工作量。面向服务的体系结构如同一个购物广场,在同一个物理位置提供理发店、手机维修、裁缝店等多种服务,为顾客提供了极大的便利。

图 4-1 中的底层包括现有的或遗留的(老旧的)工业控制系统应用程序,这些应用程序为业务数据的使用提供了技术基础。在面向服务的体系结构中,集成层与制造服务总线(MSB)相结合。基于工业生产控制现场的高牵引力、高参数的数据负载条件和对控制操作应用的近实时性要求,需要制造服务总线的支撑。制造服务总线是工业控制服务的抽象

层,这些服务使用 WSDL(基于 XML 格式的 Web 服务描述语言)表示。业务流程层由各种业务流程组成,包括订单管理、库存管理、销售管理、进度优化、事件行动管理、数据采集和服务注册等,这些业务流程是通过将服务组合到业务服务层中创建复合应用程序。顶层包括数据聚合和可视化。在更有效的场景中,公共任务将在所有流程中共享,可以通过将功能与每个进程或应用程序分离,并构建一个可以作为服务访问的独立身份验证和用户管理应用程序来实现。

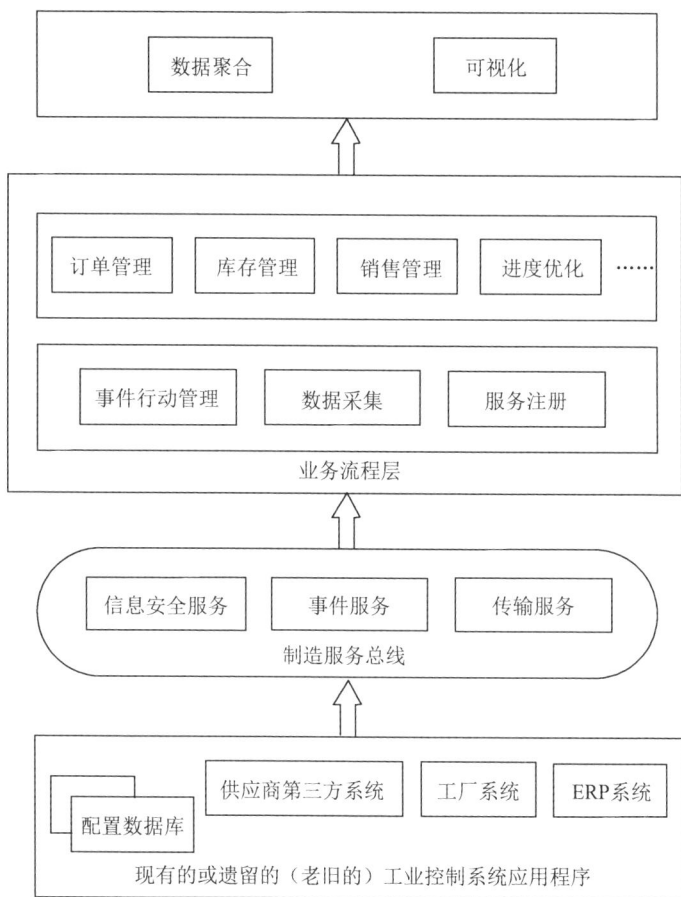

图 4-1 工业互联网典型的具有功能层并面向服务的体系结构

在工业互联网中,基于工业云平台的制造场景,以及各种制造资源和能力组件可以通过面向服务的体系结构,智能地感知并连接到更广泛的互联网中。开发面向服务的制造系统的一个很有前景的方法,是将多智能体系统与面向服务的体系结构集成。同时,在面向服务的制造系统中,不同的机器人、机器和应用程序通过服务总线都可应用于制造过程。通过发现和组合应用程序,可以访问、匹配和集成不同的服务,从而创建面向服务的制造体系结构。面向服务的制造不是传统的面向产品的环境,而是流程和产品都要调用必要的服务,这些服务通过服务总线按照灵活化和模块化的智能生产链来实现共享。当生产过程可以基于传感器和执行器的数据进行分析并决策时,产品本身可以沿着工厂追踪更优化的装配与生产过程。此外,通过使用面向服务的制造系统,制造企业除可以管理内部供应链外,还可以生成自己的制造服务并参与到外部供应链中,这就是工业互联网的交互式的、多方参与的服务互联网。在全球范围内,将面向服务的体系结构应用于工业制造系统已经发展了一段时间,有一些成熟的案例。例如,据报道,在欧洲的 SIRENA 项目(该项目研发一种多功能即插即用平台,支持远程预测性维护)中,研发人员提出了一种由智能设备组成的面向服务的通信框架,即 SOA,这些智能设备将其自身的功能公开为一组服务,屏蔽了设备内部的复杂性,并允许与其他设备进行透明通信。通过这种方式,可以将设备组网协同并聚合到更高级别的服务体系中,从而具有更高级别、更复杂的可伸缩性生产或维护能力。

二、面向服务的工业云安全

面向服务的体系结构在工业互联网云平台中具有很多优势,如灵活的网络服务,这种服务可以很容易地进行编排并适应客户的需求和安全防护要求。通过使用这种服务交付方式,云平台内处理数据的信息安全成为一项非常重要的基础保障,在云服务的用户和提供者之间,每个用户都有特定的确保云的信息安全的任务。通过任务共享的安全保证模型可以总结为:云服务提供者负责"安全的云",云服务消费者负责"云的安全",并各自承担相应的安全防护措施和责任。云服务提供者和云服务消费者在安全方面的责任,因所请求的服务即 IaaS(基础设施即服务)、PaaS(平台即服务)或 SaaS(软件即服务)的不同而不尽相同。

根据各层的安全防护责任级别,可以确定安全防护的任务和方法,如表 4-2 所示。

表 4-2　基于防护责任级别划分的工业互联网云安全的任务和方法

责任级别	任务	安全防护的方法
数据安全	实现正确级别的数据分类和合规性	①分级分类:包括公共、私有、机密; ②控制从云端上传的数据; ③云中的数据保护和数据管理; ④数据全生命周期的管控
应用程序安全	管理、配置和审阅员工访问账户	①基于工业互联网资产或业务操作属性的签名算法的使用; ②使用单一登录密码验证; ③数字签名和证书的使用; ④使用安全断言标记语言(SAML)和开放授权(OAuth); ⑤使用多因素身份验证; ⑥根据已确定的角色设置账户
平台安全	实现操作系统、应用程序和平台的所有安全设置	①反恶意软件应用程序的使用; ②根据所应用的系统的具体情况设置和实施安全策略; ③使用可用的安全修补程序更新系统; ④在具有不同角色的应用程序中创建用户; ⑤检查和保存安全日志
基础设施安全	网络元素的正确配置	①组合使用加密算法、数字证书和 IPSec、SSL、TLS、HTTPS 保护传输过程; ②正确配置 IDS/IPS 类设备、防火墙、抗 DDoS 设备; ③使用虚拟机自省技术(VMI)
物理安全	保护提供硬件、软件和网络服务的全球基础设施的安全	①物理层的访问控制; ②建立管理和安全区域; ③允许外部安全审核操作; ④安全操作规章制度

　　对于在其对应责任级别上实施适当安全措施的生产制造用户而言，一个重要的事实是,安全管理也可能因选择的云服务提供者而异。重要的是,在签署云服务使用合同之前,检查云服务提供者是否在确保业务连续性方面实施了确保连续性、预防和灾难恢复的策略。通常,信息安全责任是在合同双方签署合同时确认的,并在一份文件中加以规定,该文件必须包含每个参与者就服务合同的履行所商定的条款和期望,即

SLA(服务水平协议)。

三、面向服务的体系结构实现层面的安全技术

面向服务的体系结构的安全威胁主要来自其自身的特性:在数据表示方面,可扩展标记语言(XML,标准通用标记语言的子集)是一种普遍接受的数据表示方式,是面向服务的体系结构主要的实现方式。XML作为数据格式得到了广泛应用,简单对象访问协议(simple object access protocol,SOAP)是以 XML 为基础定义的,但基于 SOAP 的数据容易被伪造、篡改,其完整性难以保证;应用程序的分发面临对等端的信任、认证和授权等方面的问题。

保护面向服务的体系结构中的数据不受攻击的一种常见方法是使用安全的传输方式,如通过 HTTPS,而不是基于 HTTP 传输 SOAP 消息。然而,数据可能在进入安全通道之前或离开安全通道之后被修改,因此数据报文需要端到端的安全性保护。XML 是面向服务体系结构的数据表示格式,XML 安全机制可以提供对面向服务的体系结构的数据的安全防护。XML 中的信息安全问题在早期阶段就受到了关注,并且已经有了相应的标准。XML 的签名机制是指对 XML 文档进行数字签名,确保发送者的完整性和身份验证。除对整个文档进行签名的通用数字签名外,XML 签名还允许对文档的局部进行签名。验证 XML 签名时,首先用公钥验证签名,然后通过计算和比较,验证文件的正确性。与XML 签名类似,XML 加密可以用不同的方式对部分文件进行加密,但可能会超出安全传输的承载能力。使用这种 XML 加密,文件的不同部分可以由不同的接收者获取。XML 签名和 XML 加密机制包含在结构化信息标准促进组织(Organization for the Advancement of Structured Information Standards,OASIS)发布的 WS-Security 标准中。但这些标准在具体使用过程中可能存在因 XML 的灵活性造成的漏洞,即数据由标记标识,而序列并不重要。在计算整个文件的摘要时,序列的微小变化可能会导致不同的结果,但在 XML 中,由序列微小变化导致的不同结果可能表示相同的内容。目前,已经出现了一些基于 XML 规范的数据格式转换方法,可以克服自由格式对计算文件摘要的影响。对于 XML的加密,如果加密参数与计算过程出现不同步的情况,则所需的缓冲区

可能成为拒绝服务攻击的目标。加密数据和加密密钥可以无限循环引用,称为递归处理攻击。此外,XML 重放攻击是指"基于网络中 SOAP 消息的恶意拦截、操纵和传输的攻击"的全程。XML 本身作为一种基本的标记语言,根据其承载的协议类型及其实现和使用方式,有可能出现各种各样的漏洞。当然,在消息或文件实现层面,不同的协议类型将产生不同的漏洞防护方式。

除了消息安全性,服务安全性受到对功能(如身份验证和授权)的适当访问控制的保护。保护面向服务的体系结构设计了访问控制策略,以确保允许用户使用该服务。安全策略是一个逻辑结构表达,由一组基本断言构成析取和连接,用于明确必须呈现、签名或加密的消息内容。消息部分被呈现在安全策略的消息断言结构中,完整性断言需要数字签名,机密性声明中列出的部分需要加密。WS-Security 策略由 OASIS 作为 WS-Security 的一部分发布,指定了如何允许某些使用者使用某些服务,以及身份验证方法和加密级别。SAML、WS-TRUST 和联邦身份验证访问控制机制在面向服务的体系结构中被用于处理身份验证和授权问题。安全 SAML 是 OASIS 最初设计用来解决单点登录问题的产品,SAML 包括身份验证语句、属性语句和授权决策语句,这些语句定义的是内容,而不是传输方法。在服务器端,使用可扩展访问控制标记语言(extensible access control markup language,XACML)表示访问控制策略和决策。XACML 访问控制模型有 4 个组件:策略实施点、策略决策点、策略管理点和策略信息点。SAML 是 OASIS 发布的安全标准 WS-TRUST 的重要组成部分。另一个标准 WS-Federation 与其他 Web 服务标准更紧密地集成在一起,并且在 Windows 操作系统中得到微软的支持,这两大标准互不兼容,应用条件和场景也不一致。

在访问控制策略领域,出现了许多新的技术,如基于属性的访问控制(ABAC)是在 XACML 的基础上发展起来的,定义了策略主题、资源及其环境的策略规则,允许更精确地细化访问控制策略;基于角色的访问控制方法,使用户可以连接数据源,但仅允许访问他们需要的那部分资源,其他资源无法访问。

成功使用面向服务体系结构的一个关键因素是基于复杂的语义模

型表示和传输数据,并在一个安全的框架中应用基于语义感知的 Web 服务,如 M2M 通信场景中的语义表达。

面向服务的体系结构的安全性不是仅仅用一两种技术就能实现的,为了构建安全的面向服务的体系结构的应用程序,工程实现过程应该在设计、实现、管理和维护等方面综合考虑安全因素。保护面向服务的体系结构所提供的服务的一个重要方法是限制访问,在传统情况下,访问控制和防火墙是网络管理员职责范围内的常用手段。基于面向服务的体系结构的安全解决方案可能需要网络管理员和软件工程师之间更紧密的合作,以及他们之间的责任划分。例如,认证和授权之类的访问控制操作通常在网络管理员的监督下,在网络边缘执行。为了控制面向服务的体系结构中的流量,网络防火墙设备和应用程序需要支持 XML。

实施面向服务的体系结构项目的关键步骤包括:面向服务的体系结构支持安全决策矩阵、从业务和技术角度识别风险、找出内部和外部相关人员、使用正确的工具收集需求信息等。面向服务的体系结构的信息安全建设项目,应该遵循一个标准的软件过程模型,如瀑布模型,并在项目建设后期,按照 WS-Security 等标准的技术细节进行代码实现。面向服务的体系结构的信息安全建设项目,不是简单安装一系列信息安全应用程序或添加安全功能/组件并进行配置,许多信息安全问题都是由于设计和代码实现过程中的错误造成的,解决方法是改进项目实施过程,特别是在体系结构设计和代码实现过程中融入信息安全相关标准和规范。除此之外,用户和管理员使用不安全的设置和配置,也会导致出现信息安全问题,这些问题需要通过流程改进、规范执行进行优化,而不是单纯地从技术角度解决。

第三节　虚拟化机制及其安全技术

工业互联网云平台中的虚拟化机制具有许多优势,通过轻松创建和销毁虚拟组件,可提高资源利用率,并且由于可以共享虚拟组件,而简化了管理流程并降低了成本。云技术基于虚拟化机制,通过虚拟化机制创建环境并具有某些硬件设备的物理功能,而不需要硬件设备单独存在,即虚拟机(virtual machine,VM)。还有一种创新的虚拟化方法可以用于运行中的应用程序,该方法在一个简化的软件环境(容器)中只包含应用程序所需的元素:库、源代码、执行过程,与虚拟机的主要区别在于其操作系统的虚拟化,而不是硬件的虚拟化。

一、虚拟机安全

工业互联网的数据中心建设的一个重要趋势是虚拟化主机的部署不断增加,虚拟化主机是运行服务器虚拟化软件(hypervisor)的物理主机,其能够支持多个计算堆栈,每个计算堆栈都具有不同的平台配置[如操作系统(OS)、中间件]。服务器虚拟化软件主机(也称 hypervisor 主机)中的单个计算堆栈封装在虚拟机的实体中,因为计算堆栈是一个计算引擎,所以虚拟机将为该引擎分配相应的资源,如处理器、内存和存储资源,称为虚拟资源。虚拟机计算堆栈由一个操作系统(称为来宾操作系统)、中间件(可选)及一个或多个应用程序组成。加载到虚拟机中的应用程序是服务器程序[如 Web 服务器、数据库管理系统(DBMS)]。将多台服务器整合到一台服务器中,运行多个虚拟环境,也就是将一个物理服务器划分为多个虚拟机,而每个虚拟机都像是能运行自己的操作系统的单独物理机,称为服务器虚拟化,具有虚拟化主机的数据中心构成虚拟化基础设施。每个虚拟化主机内的 hypervisor 都可以定义一个网络,该网络将其虚拟主机彼此链接,并将其链接到外部(物理)企业网络,称为虚拟网络,并且完全是由软件定义的。虚拟网络的核心组件是各虚拟机中的一个或多个虚拟网络接口卡(vNIC),以及定义在 hypervisor 内核中运行的虚拟交换机。

虚拟机安全防护的基本方法是网络分段。网络分段是一种经常被误解的技术,一些信息安全从业者往往将网络分段纯粹是出于网络管理的目的。然而,很多信息安全防护实践将网络分段作为纵深防御网络安全策略的一个组成部分或至少是重要步骤。例如,金融支付卡行业数据安全标准(payment card industry data security standard,PCI-DSS)等信息安全标准,特别将网络分段作为数据保护的基本要求。类似地,网络分段有时被视为与使用虚拟局域网(VLAN)同义,但这并不准确。网络分段的主要目的是实现不同敏感度或属于不同部门的应用程序的逻辑分离,网络分段方法按其可扩展性的递增顺序可以分为 5 种。

(一)分离虚拟化主机

当不同敏感级别的企业应用程序首次托管在虚拟机中时,最初基于网络的保护措施是将不同敏感级别的应用程序定位在不同的虚拟化主机中。通过将这些虚拟化主机连接到不同的物理交换机,并使用防火墙规则管理这些物理交换机之间的通信流量,应用程序之间的这种隔离就扩展到了数据中心的物理网络中。或者,将承载不同敏感度级别的应用程序工作负载的虚拟化主机,安装在不同的机架中,方便与交换机连接。这种分段方法最明显的优势是具有网络配置的简单性和网络监控的便利性,因为流入和流出承载不同敏感级别工作负载的虚拟机的流量是物理隔离的。

(二)使用虚拟交换机

将具有不同灵敏度级别的虚拟机连接到单个虚拟化主机中的不同虚拟交换机上也是一种网络分段方法。通过将适当的虚拟交换机和物理交换机相互连接,其通信流量通过虚拟主机的物理网络接口卡之一进行交互,可以实现不同敏感度级别的虚拟机之间的通信流量隔离。此外,物理交换机之间的流量必须通过常规的信息安全防护机制(如防火墙等)进行调节。使用虚拟交换机将虚拟机分段,而不是将它们托管在不同的虚拟化主机中,这样做可以提高虚拟化主机资源的利用率,同时可以保持配置操作的便利性。此外,根据预先设计的信息安全策略,所有 hypervisor 体系结构都能阻止 hypervisor 平台内的虚拟交换机之间的直接连接,从而提供了必要的隔离。同时,分布式虚拟交换机可以将许多单独的主机级虚拟交换机抽象为一个跨多个主机的大型虚拟交换机,因此,与虚拟交换机关联的端口组成跨虚拟化主机的分布式虚拟端口组,从而确保所有主机(尤其是同一集群中的主机)的虚拟网络配置一致。

(三)使用虚拟防火墙

在工业互联网的应用场景中,因涉及多种不同的业务网络,虚拟防火墙可以得到广泛应用。当面向 Internet 的应用程序(尤其是 Web 应用程序)在(非虚拟化的)物理主机中运行时,通常使用物理防火墙创建一个称为非军事化区域(DMZ)的独立子网。类似地,当托管运行面向 Internet 的应用程序的 Web 服务器的虚拟机部署在虚拟化主机上时,它们可以被隔离并在与连接到企业内部网络的虚拟网段分离的虚拟网段中运行。正如在物理网络中使用两种防火墙(一个面向互联网,另一个保护内部网络)一样,在虚拟化主机中可以使用两个防火墙创建与 DMZ 等效的虚拟网络。虚拟化主机的主要区别在于防火墙必须在虚拟网络中运行,因此它们是基于虚拟软件的防火墙,在专用(通常是加固的)虚拟机上运行。使用虚拟交换机和虚拟防火墙进行网络分段如图 4-2 所示。

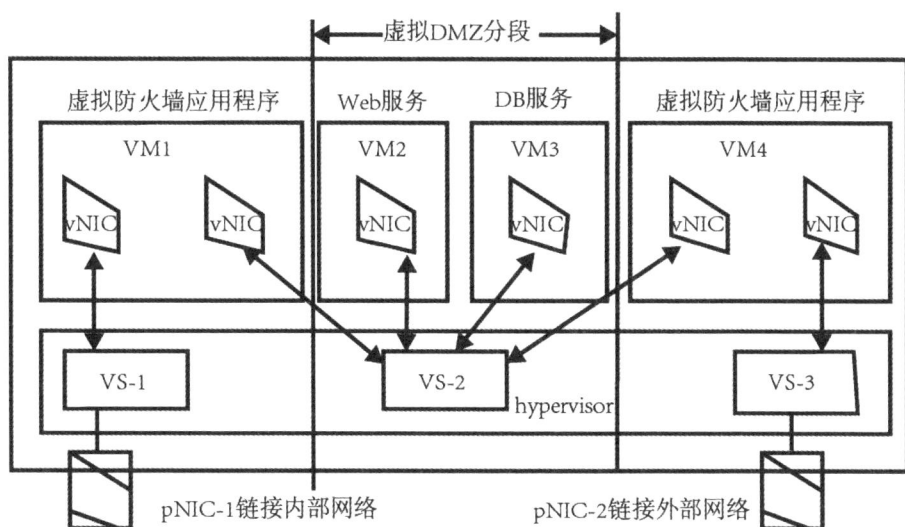

图 4-2　使用虚拟交换机和虚拟防火墙进行网络分段

图 4-2 显示了虚拟化主机中的 3 个虚拟交换机:VS-1、VS-2 和 VS-3。VS-1 的上行链路端口连接到物理网络接口卡 pNIC-1,pNIC-1 连接内部网络中的物理交换机。类似地,VS-3 的上行链路端口连接物理网络接口卡 pNIC-2,pNIC-2 连接数据中心外部网络中的物理交换机。运行在 VM1 和 VM4 中的防火墙设备分别扮演面向 Internet 的防火墙和内部防火墙的角色。VM1 充当虚拟交换机 VS-1 和 VS-2 之间的流量控制桥,而 VM4 充当虚拟交换机 VS-2 和 VS-3 之间的流量控制桥。这种配置架构是以虚拟交换机 VS-2(虚拟网络的 DMZ)为基础创建一个隔离的虚拟网段,因为 VS-2 只能使用 VM4 中的防火墙与 Internet 通信,并且

只能使用 VM1 中的防火墙与内部网络通信,所有连接到虚拟交换机 VS-2(VM2 和 VM3)的虚拟机也在这个隔离的虚拟网段中运行。所有涉及它们和外部网络的流量都由 VM4 中的防火墙控制,所有涉及它们和内部网络的流量都由 VM1 中的防火墙控制。从虚拟机的角度分析上述虚拟网络配置(忽略它们是否运行防火墙或业务应用程序),VM1 和 VM4 是多主机的虚拟机,至少有一个网卡连接到一个虚拟交换机,该虚拟交换机的上行端口连接物理网卡。相比之下,VM2 和 VM3 只连接到内部虚拟交换机 VS-2,而 VS-2 没有连接到任何物理网卡。这种架构形态的虚拟交换机又称为仅限内部使用的交换机,仅连接到该类交换机的虚拟机才享有一定程度的隔离,因为这些虚拟机将运行在隔离的虚拟网段中。虚拟防火墙作为虚拟安全设备被打包在专门构建的虚拟机中,因此易于部署。另外,虚拟防火墙可以很容易地与虚拟化管理工具/服务器集成,因此配置简单方便[特别是具有相同的安全规则或访问控制列表(ACL)]。

(四)在虚拟网络中使用 VLAN

VLAN 最初是在数据中心实现的,在数据中心,节点被配置为在以太网交换模式下运行,方便控制和管理(如广播控制)。VLAN 作为一种网络分段技术,由于流量隔离效应,可以应用于虚拟机的信息安全防护中。在具有实体物理(非虚拟化)主机的数据中心,VLAN 是通过将一种被称为 VLAN 标记的唯一的 ID 号,分配给物理交换机的一个或多个端口进行定义的。所有连接到这些端口的主机都将成为该 VLAN ID 组的成员,从而在数据中心的大型平面网络中创建服务器(主机)的逻辑分组,而不管其物理位置如何。VLAN 的概念可以在数据中心中扩展和实现,具体为虚拟主机使用支持 VLAN 标记和处理的端口或端口组的虚拟交换机。换句话说,VLAN ID 被分配给 hypervisor 内核中的虚拟交换机的端口,虚拟机被分配给基于其 VLAN 成员身份的适当端口。这些支持 VLAN 的虚拟交换机可以对从虚拟机发出的所有数据包执行 VLAN 标记(标记的内容取决于它从哪个端口接收到数据包)操作,并且可以通过一个端口将具有特定 VLAN 标记的输入数据包路由到适当的虚拟机,该端口的 VLAN ID 分配等于该数据包的 VLAN 标记,并且具有相应的媒体访问控制（MAC）地址匹配。与虚拟化主机内各种虚拟交换机的 VLAN 配置相对应,应在这些虚拟化主机的物理网卡和数据中心的物理交换机之间的链路中配置链路汇聚功能,借助该功能就可以承载与在虚拟主机内配置的所有 VLAN ID 相对应的通信流量。此外,形成这些链路的终端节点的物理交换机的端口也应配置为中继端口,目的是能够双向接收和发送属于多个 VLAN 的流量。可以将给定的 VLAN ID 分配给位于多个虚拟化主机中的虚拟交换机的端口。因此,VLAN 的配置包括虚拟主机内部的配置（将 VLAN ID 分配给虚拟交换机端口或虚拟机的虚拟网卡）和虚拟主机外部的配置（物理交换机中的链路聚合和端口中继）,并包括物理网络中定义的 VLAN 的路径以供其自身携带进入虚拟化主机,实现虚拟化主机与 VLAN 的双向交互。VLAN 提供了隔离分布在整个数据中心的虚拟机流量的能力,从而为运行在这些虚拟机中的应用程序提供机密性和完整性保护。

　　VLAN 创建一个虚拟机逻辑组,该组成员之间的通信流量与属于另一个组的通信流量隔离,VLAN 配置提供的网络流量的逻辑分离可以基于任意标准,因此可以实现很多功能:仅承载具有管理通信功能的管理功能 VLAN（用于向 hypervisor 发送管理/配置命令）;虚拟机迁移功能 VLAN,用于承载虚拟机迁移期间生成的流量（基于可用性和负载平衡,将虚拟机从一个虚拟主机迁移到另一个虚拟主机）;用于承载容错日志记录的流量的日志记录功能 VLAN;存储 VLAN,用于承载与网络文件系统（NFS）或 iSCSI（Internet 小型计算机系统接口）存储有关的流量;用于承载来自运行虚拟桌面基础结构（VDI）软件的虚拟机的流量的桌面 VLAN;一组工业生产控制型的 VLAN,用于在完成工业生产控制的业务虚拟机（承载各种业务应用程序的虚拟机集）之间承载流量。一般情况下,工业互联网企业的应用程序体系结构由三层组成——Web 服务器、应用程序和数据库。可以为这些层中的每一层都创建一个单独的 VLAN,并使用防火墙规则管理它们之间的通信。此外,在工业互联网的云端数据中心,虚拟机可能属于不同的消费者或云用户,并且云服务提供商可以使用 VLAN 配置提供属于不同客户端的通信量的隔离。实际上,通过将属于每个租户的虚拟机分配/连接不同的 VLAN 段,为每个租户都创建了一个或多个逻辑或虚拟网段。除了通过网络流量逻辑分段提供的机密性和完整性保护,不同的服务质量(QoS)规则还可以应用于不同的 VLAN(取决于所承载的业务类型),从而提供可用性保证。使用 VLAN 的网络分段比使用虚拟防火墙的方法更具可伸缩性,原因在于:VLAN 定义的粒度处于虚拟交换机的端口级别,由于单个虚拟交换机可以支持大约 64 个端口,因此可以在单个虚拟化主机内定义的网段数量远远超过使用防火墙虚拟机的实际可能数量;网段可以扩展到单个虚拟化主机之外(与使用虚拟防火墙定义的网段不同),因为相同的 VLAN ID 可以分配给不同虚拟化主机中的虚拟交换机端口,整个数据中心可定义的网段总数约为 4000 个(因为 VLAN ID 的长度为 12 位)。

(五)使用基于覆盖的虚拟网络

在基于覆盖的虚拟网络中,隔离通过封装在虚拟机接收的以太网帧实现。可以使用各种封装方案(或覆盖方案),包括虚拟扩展局域网(VX-LAN)、通用路由封装(GRE)和无状态传输隧道(STT)。

从虚拟机接收的以太网帧(包含目标虚拟机的 MAC 地址)被封装为两个阶段。

(1)发送/接收虚拟机所属的 24 位 VXLAN ID[虚拟层 2(L2)段]。

(2)VXLAN 隧道端点(VTEP)的源和目标 IP 地址。VTEP 分别是驻留在发送和接收虚拟机的 hypervisor 中的内核模块。VXLAN 封装机制允许创建虚拟第二层网段,该网段不仅可以跨越不同的虚拟化主机,还可以跨越数据中心内的 IP 子网。用于生成 VXLAN 数据包的两个封装阶段由一个被称为 overlay 模块的 hypervisor 内核模块执行,覆盖模块需要将远程虚拟机的 MAC 地址映射到相应的 VTEP 的 IP 地址。覆盖模块可以通过两种方式获得此 IP 地址。第一种方式是通过使用 IP 地址学习数据包进行泛洪性连接,或者使用 SDN 控制器配置映射信息,SDN 控制器使用标准协议将此映射表传递到各个虚拟化主机中的覆盖模块。第二种方式的实用性更强,因为使用基于泛洪连接的 IP 地址学习技术会导致整个虚拟化网络基础设施中产生大量不必要的网络流量。基于 VXLAN 的网络分段可以为在云数据中心的多个租户的资源提供隔离,可以为特定租户分配两个或多个 VXLAN 段(或 ID)。租户可以通过将承载各层(Web 服务器、应用程序或数据库)的虚拟机分别分配给相同或不同的 VXLAN 段,实现对多个 VXLAN 段的使用。如果属于客户机的虚拟机位于不同的 VXLAN 段中,则可以通过适当的防火墙配置在属于同一租户的 VXLAN 段之间建立选择性连接,同时可以禁止属于不同租户的 VXLAN 段之间的通信。

与基于 VLAN 的方法相比,VXLAN 具有更大的可扩展性,原因在于与 12 位 VLAN ID 相比,VXLAN 网络标识符(VNID)是一个 24 位字段,因此,VXLAN 的名称以及可以创建的网段数可以有约 1600 万个,而 VLAN 仅为 4096 个。用于基于覆盖的网络分段的封装包是 IP/用户数据报协议(UDP)包,因此,可以定义的网段数量只受数据中心中 IP 子网的数量限制,而不受虚拟交换机端口的数量限制。在提供 IaaS 云服务的数据中心,租户之间的隔离可以通过为每个租户都分配至少一个 VXLAN 段(由唯一的 VXLAN ID 表示)来实现。VXLAN 是运行在数据中心内物理 L3 层(IP)网络之上的逻辑 L2 层网络,后者独立于前者。换句话说,物理网络的任何设备的配置都不依赖于虚拟网络的任何部分的配置,这种机制提供了在数据中心网络的任何物理段中定位属于特定客户机的计算和/或存储节点的灵活性。反过来,有助于基于性能和负载平衡角度定位这些计算/存储资源,将提高虚拟机的移动性和可用性,而不需要把配置信息扩散至具有许多 VLAN 的每个虚拟化主机的中继链路(即使属于某些 VLAN 的虚拟机,当时可能不存在于主机中),从而避免了由于过度配置而导致的通信流量增加。在工业控制生产环境中,任何基于覆盖的部署都需要有一个控制平面(因此也需要一个网络控制器),该控制平面有助于资源调配功能的自动化,消除了由于手动资源调配而导致错误的可能性,故障排除也更容易。同时,配置和管理物理防火墙也将更容易,因为所有虚拟机流量只需要允许 VXLAN(或任何其他覆盖方案)端口可用的策略即可。

上述五种方法各有优势和劣势,需要根据不同的应用场景和需求合理地选择。在使用虚拟交换机进行网络分段的环境中,强烈建议使用分布式虚拟交换机而不是独立的虚拟交换机。原因在于:

(1)确保跨虚拟化主机的配置一致性并减少配置错误的机会;

（2）为了消除对虚拟机迁移的限制，分布式虚拟交换机（为特定的敏感度级别定义）本身应可以跨越多个虚拟化主机。

使用虚拟交换机隔离虚拟机监控程序的网络管理功能需要特殊配置，除专用的虚拟交换机外，管理通信路径还应该有单独的物理网卡和单独的物理网络连接（除通信过程本身被加密外）。此外，专用虚拟交换机优先选择独立的虚拟交换机（以便可以在虚拟化主机层级进行配置），而不是分布式虚拟交换机。原因在于分布式虚拟交换机和集中式虚拟化管理服务器具有密切依赖性，只能使用虚拟化管理服务器配置分布式虚拟交换机（要求这些服务器具有高可用性），在某些情况下，启用虚拟化管理服务器可能需要修改分布式虚拟交换机。在所有的 VLAN 部署中，交换机（连接到虚拟化主机的物理交换机）端口配置应体现所连接的虚拟化主机的 VLAN 配置文件，具有数百个虚拟主机和数千个虚拟机，且需要许多网段的大型数据中心网络应部署基于覆盖的虚拟网络，因为其具有可扩展性（大型命名空间）和虚拟/物理网络独立性。然而，建议使用诸如 VLAN 的技术在物理网络上隔离由基于覆盖的网络分段技术（如 VXLAN 网络通信量）产生的整体通信流量，以确保分段效果得以持续。此外，基于覆盖的大型虚拟网络部署模式应始终包括集中式或联合式 SDN 控制器，这些控制器使用标准协议配置各种 hypervisor 平台中的覆盖模块。

为了确保在通过虚拟化机制创建的机器中所处理的数据的安全性，需要特定的解决方案监控虚拟机中的信息安全事件，以便能够检测到以任何形式存在的漏洞或网络攻击行为。传统单一的 IP 网络安全系统检测到的异常事件，在工业互联网云平台的虚拟机环境中并不能警告系统性攻击行为，而是需要另一种具有信息融合功能的系统，关联来自多个虚拟机的数据，并提供可能存在的分布式攻击威胁情报。

二、容器安全

容器技术广泛应用于工业互联网领域，可以降低工业互联网产品，特别是工业云计算平台、工业 App 类产品的成本，促进产品的快速迭代开发。其中，以 Docker 为代表的容器技术发展得最好，迅速占领了容器市场，成为容器技术的事实标准。容器通过专用平台（如 Kubernetes 和

Docker)为操作系统提供稳定性并简化编排,容器安全基于内核顶层的进程隔离原则和网络的正确配置实现,容器是镜像运行时的实例。大多数应用程序运行于根账号中,从而为形成运行恶意应用程序所需的漏洞提供了可能性,并增加了丢失数据和已处理信息的风险。容器的另一个漏洞是配置不当的镜像,这些镜像可以隐藏不同的安全漏洞,如存在不必要的远程连接服务、恶意文件,对认证和授权操作的限制很少。

工业互联网云计算技术同时使用虚拟化方法、容器和经典虚拟化,可以产生明显的经济效益、灵活性,还能实现对物理资源的最少占用。如果安全策略的防护要求得到正确的配置和执行,这两种虚拟化技术都可以提供稳定和安全的环境。Docker 容器的信息安全防护体现在三个层次:隔离、主机加固、用于镜像分发的网络资源的安全防护。

(一)隔离

Docker 容器完全依赖于 Linux 内核特性,包括名称空间、Cgroup(Linux 内核提供的一种机制)、强化等功能。默认情况下,名称空间隔离和功能删除是启用的,但 Cgroup 限制却不是,必须通过容器启动时的固定选项在各个容器中启用。默认的隔离配置相对严格,唯一的脆弱性或漏洞是所有容器将共享同一个网桥,从而容易导致在同一个主机上的不同容器之间发生 ARP 中毒攻击。但是,全局性的安全威胁可以通过在容器启动时关闭或禁用某些功能选项进行防御,这些选项本身允许(容器)扩展访问主机的某些部分(-uts＝host、-net＝host、-ipc＝host、-privileged、-cap add＝＜cap＞等),但这些特性在增强容器便利性的同时,引入了可能存在的漏洞。例如,当在容器启动时提供选项-net＝host 时,Docker 就不会将容器放在单独的网络命名空间中,因此容器就可以完全访问主机的整个网络堆栈(启用网络嗅探、重新配置等),被攻击者利用的风险极高。此外,可以通过传递给 Docker 守护进程的选项全局性设置安全配置,这些具有信息安全防护能力的选项包括:-insecure-registry 选项禁用对特定注册表的 TLS 证书检查。增加安全性的选项是可用的,如-icc＝false 参数,禁止容器之间的网络通信可以防御前面描述的 ARP 中毒攻击。但是,这些配置选项可能会阻止多容器应用程序的正常运行,因此需慎重使用。

（二）主机加固

通过 Linux 安全模块进行主机加固是一种强制对容器进行安全防护的方法（如防止破坏容器并转移到主机操作系统）。目前，支持主机加固的操作系统包括 SELinux（SELinux 是 2.6 版本的 Linux 内核中提供的强制访问控制系统）、Apparmor 和 Seccomp，并提供默认配置文件。这类配置文件是通用的，不受限制（例如，Docker 默认 Apparmor 配置文件允许对文件系统、网络和 Docker 容器的所有功能进行完全访问）。类似地，默认 SELinux 策略将所有的 Docker 对象放在同一个域中，因此，默认的加固机制可以保护主机不受容器的影响，但不足以保护容器不受其他容器的影响。必须通过编写特定的配置文件实现对容器的保护，而不同的容器需要不同的、具有保护功能的配置文件。例如，SELinux 默认提供的配置文件，为所有 LXC 容器（Linux 容器工具）提供相同类型的保护能力，所有对象都具有相同的标签，但此配置不保护该容器不受其他容器的影响。

（三）用于镜像分发的网络资源的安全防护

Docker 使用网络资源分发镜像并远程控制 Docker 守护进程，对于镜像分发过程，从远程存储库下载的镜像将通过散列算法进行验证，而与注册表的连接是通过 TLS 进行的（除非另有明确指定）。此外，从 2015 年 8 月发布的 1.8 版本开始，Docker 内容信任体系结构允许开发人员在将镜像文件推送到存储库之前，对镜像进行签名，内容信任依赖于更新框架（the update framework，TUF），该 TUF 是专门为解决包管理器的缺陷而设计的。更新框架可以从密钥泄露中恢复，通过在签名镜像中嵌入过期时间戳的方法防止重放攻击等情况。Docker 中的交换与共享过程（trade-of）是一个复杂的密钥管理过程，实际上实现了一种 PKI，其中每个开发人员都拥有一个根密钥（脱机密钥），用于对 Docker 镜像进行签名（签名密钥）。签名密钥在需要发布镜像的每个实体之间共享（可能包括自动代码管道中的自动签名，意味着第三方可以访问密钥），而数量众多的根公钥的分发也是一个问题，需要进行详细的设计。守护进程是通过套接字远程控制的，默认情况下，用于控制守护进程的套接字是 UNIX 套接字，位于 at/var/run/docker.sock 目录中，访问此套接字允许以特权模式"pull"和"run"任何容器,因此允许根用户访问主机。对于UNIX 套接字,Docker 组的用户成员可以获得根权限;对于 TCP 套接字,与此套接字的任何连接都可以向主机授予根权限。因此,必须使用TLS(-tlsverify)功能保护连接过程,同时启用双向连接过程的加密和身份验证(同时添加额外的证书管理)机制。

第五章 工业互联网管(网)侧安全防护技术

第一节 通信网络和连接的加密保护

工业互联网系统中的通信和连接功能支持端点之间的信息交换,提供可互操作的通信以促进组件集成,所需的保护级别取决于对此类信息交换的威胁,这些信息可以是传感器更新、遥测数据、遥控命令、故障告警、事件、日志、状态更改或配置更新等。

传统的工业自动控制领域强调信息流保护技术,而工业互联网应用程序则倾向于使用加密控制技术,如应用于传输层(如 TLS 或 DTL)或中间件层(如 DDS)的加密控制,工业互联网系统很可能结合使用这两种技术,因为每种技术都能抵御不同的网络攻击。这些措施只有在通信和连接可用的情况下才能发挥作用,因此应评估与网络拒绝服务攻击相关的风险,并实施控制措施。这些控制措施涵盖物理安全、容量规划、负载平衡和缓存保护等方面。实施最小特权原则的授权技术有助于提升基于警告或阻止违规连接的入侵检测能力。

大多数工业互联网应用程序应该使用标准化的协议,这些协议的功能包括安全性和密码学方面的定义,已经过评估和测试。美国工业互联网联盟(Industrial Internet Consortium,IIC)在其定义的"工业互联网参考体系结构"中确定并详细分析了工业互联网核心连接协议的要求。

一、工业互联网通信和连接协议中的安全控制

从体系结构的角度分析,工业互联网系统中不同参与者之间的信息交换发生于两个层次:第一层次,通信访问和传输层(对应于 OSI 模型的第一到第四层)提供位和字节的交换,包括物理层(介质)、连接、网络和传输过程;第二层次,使用通信传输的连接性框架层(对应于 OSI 模型的第五到第七层),该框架包括会话层、表示层和应用层的基本要素,通过交换结构化数据提供参与者之间的语法互操作性。

保护各层的通信链路需要适应该层的相应安全控制和技术机制，并要着重考虑两个重要的问题：选择要保护的层，以及如何为给定的应用程序赋予自定义保护能力。所有层中的安全控制措施都可能导致不可接受的性能成本开销，但是，仅在较低级别［例如，IP 层级的 Internet 协议安全性（IPSec）机制、传输层级的 TLS（安全传输层协议）或 DTLS（数据包传输层安全性协议）机制］保护通信过程，可能无法为需要细粒度安全控制的应用程序级通信提供足够的安全性。

二、用于保护交换内容的方法

敏感的工业生产控制网络和控制设备的通信端点之间的信息交换安全防护技术主要有：

（1）易于识别和使用的端点通信策略；

（2）基于加密的通信端点之间的强相互认证；

（3）强制执行从策略派生的访问控制规则的授权机制和加密机制，确保交换信息的机密性、完整性和实时性。

建立安全通信的第一步是使用支持加密的身份认证协议进行身份认证（如果建立了公钥基础设施，则通过交换身份证书进行身份认证），然后，通信双方必须根据策略中定义的访问控制规则交换数据。例如，在医疗设备制造工业中，具备采集病人真实的医学指标的终端装置，一般不允许共享某些患者的数据。那些被交换的信息的机密性和完整性，应使用标准加密技术（如 AES 等对称算法和 RSA 等非对称算法）和消息认证技术（DSA 等数字签名方案和 HMAC 等消息认证码）实现。这些技术通常使用身份认证过程中协商建立的加密密钥，但应注意避免没有身份认证过程的单纯加密。

针对不提供交换信息的完整性和机密性的工业互联网通信协议，可以通过加密和认证的隧道式路由，或者通过信息流控制技术进行保护，进而提高这类协议的安全性。

三、连通性的标准及其安全

核心连接技术应具有以下特点：

（1）具有很强的独立性和国际化兼容性的、开放的标准，如 IEEE、

IETF、OASIS、OMG 或 W3C；

（2）在跨行业的适用性方面表现良好；

（3）在多个行业中应用稳定并经过验证，有按照标准定义的网关，可与其他标准进行转化连接。

与互联网时代 TCP/IP 和 HTTP 一统天下的局面不同，工业互联网的通信环境有 Ethernet、Wi-Fi、RFID、NFC（近距离无线通信）、ZigBee、6LoWPAN（IPv6 低速无线版本）、Bluetooth、GSM、GPRS、GPS、3G、4G、5G 等网络，而每种通信应用协议都有一定的适用范围。CoAP 是专门为资源受限设备开发的协议，是一种应用层协议，它运行于 UDP 之上，而不是像 HTTP 那样运行于 TCP 之上。CoAP 非常小巧，最小的数据包仅有 4 字节。而 DDS 和 MQTT 的兼容性则强很多。消息队列遥测传输协议（message queuing telemetry transport，MQTT 协议）是一种基于发布/订阅（Publish/Subscribe）模式的"轻量级"通信协议。数据分发服务（data distribution service，DDS）是对象管理组织（OMG）在 HLA 及 CORBA 等标准的基础上制定的新一代分布式实时通信中间件技术规范，DDS 采用发布/订阅体系架构，强调以数据为中心，提供丰富的 QoS 服务质量策略，能保障实时、高效、灵活地分发数据，可满足各种分布式实时通信应用需求。DDS 信息分发中间件是一种轻便的、能够提供实时信息传送的中间件技术。

四、针对不同通信和连接模式的加密保护

不同的信息交换模式有不同的安全要求，工业互联网系统中广泛使用的模式包括请求－响应模式、发布－订阅模式。请求－响应模式可用于堆栈的任何层，使用此模式的协议包括 Java 远程方法调用（JavaR-MI）、Web 服务/SOAP、基于实时系统的数据分发服务的远程过程调用（RPC over DDS）、应用于过程控制的 OLE（OPC）、全球平台安全通道协议和 Modbus，这些协议对安全性的支持各不相同。例如，Modbus 不能抑制广播消息，不提供消息校验，并且缺乏对身份验证和加密的支持。

发布—订阅模式的主要威胁类型有：未经授权的订阅、未经授权的发布、篡改和重放及对交换数据的未经授权的访问。发布—订阅模式是一种消息传递模式，它将发送信息的客户端（发布者）与接收信息的客户

端(订阅者)解耦,使得两者不需要建立直接的联系也不需要知道对方的存在,依赖中间消息代理功能体来存储和转发消息,但是消息代理功能体却可能成为一个单一的安全风险点。另一种方法是无代理的点对点实现,如作为标准的数据分发服务。

第二节　信息流保护

信息流是运动中的任何信息,包括 IP 消息、串行通信、数据流、控制信号、可移动媒体、打印报告和人脑意识中的数据,控制不同类型的信息流可以保护它们免受攻击者的攻击。在线信息流通常是远程攻击者最容易通过中间系统和网络进行破坏或数据窃取的信息流。

一、控制兼容性部署中的信息流动

在一般情况下,重新验证硬件或软件组件的安全性和可靠性可能代价很大。例如,一些实时性要求较高的离散制造过程要求,只有在所有设备、硬件和软件都经过第三方安全认证的情况下,特定类别的自动化设备才能在生产制造现场部署,未经重新认证,不得投入生产。而使用商业操作系统的控制设备供应商通常不愿意为安全更新、技术和方法支付重新认证的费用,因此,生产控制设备往往是老旧的,即使是全新的设备也可能需要:

(1)防止未经授权人员与敏感设备和网络进行物理接触的物理安全防护措施;

(2)网络边界安全控制措施,防止未经授权的消息到达敏感设备和网络;

(3)被动式网络入侵检测措施,用以监测可疑的通信模式。

这些方法已成为工业控制企业实施新旧产品兼容部署网络的首选方法,因为它们不改变设备的任何部分,因此不需要重新认证。对于特定的系统,这些措施是否足够,应在风险分析期间确定。

二、网络数据隔离

通信通道是在传输层、框架层或应用层独立识别、管理和监视的数据流,工业互联网中通常有三种基本的通信信道:数据通道、控制通道和管理通道。

每个通道都应与其他通道隔离,并分别进行管理和监控,如通过在公共事件总线或消息代理上使用单独的 TCP 连接、单独的无线频率或单独的发布/订阅主题。

数据通道(有时称为操作监视通道)用于报告操作信息和终端节点的状态。控制通道用于改变工业过程的行为,改变端点的状态。管理通道承载管理方面的通信内容,如计算机配置文件、安全策略、端点配置更改和访问控制设置。

使用单独的通信信道可以降低管理和监视各种通信的成本和复杂性,在特定的终端节点上,每种类型的信道在任何时候都可能有多个实例处于活动状态,可以为各个通道定义单独的安全控制方式。其中包括加密、网络分段和通信授权等机密性控制技术,以及消息签名等完整性控制技术。单独的服务质量要求也可以应用于各个信道,实现消息在可接受的容错范围内传递。当使用双向协议跨信任边界通信时,即使是"单一功能"的监视通道也会对工业互联网终端构成潜在的未授权访问的威胁,因为任何允许进入安全敏感或可靠性关键网段的消息都可能对操作系统平台层次形成攻击,如缓冲区溢出攻击。

三、网络分段

工业互联网中各种层次的网络不能不加区别地相互连接,工业安全的国际标准,如 ISA/IEC62443-1-1、ISA/IEC62443-3-3、ANSSI、NIST800-821 和其他标准,都建议将网络分成若干部分,每个部分包含具有类似安全策略和通信要求的资产。ISA/IEC62443-1-1、ISA/IEC62443-3-3、ANSSI、NIST800-821 等标准还建议为每个网段都分配一个信任级别,并保护通过网络边缘的通信连接过程,特别是不同信任级别网段之间的通信和连接性。例如,没有哪个门户网站会故意将安全关键设备暴露在互联网上,因为无论安全关键设备加固得多么彻底,都会存在残余风险。

网络分段可以是细粒度的,也可以是粗粒度的,细粒度划分的候选对象包括公共网络(如互联网)、商业网络、运营网络、工厂网络、控制网络、设备网络、保护网络和安全网络,对每种网络进行细粒度分段通常更好,但维护成本更高。安全和设备管理网络通常是细粒度分段的对象,局域网和广域网允许进行类似 IT 的网络管理操作,如备份、安全日志记录和更新,而不会干扰时间关键或敏感的操作和通信。分段可以提供有用的流量管理,尽管每个可以访问管理和操作网络的双端口设备,都可以作为从一个网络跳转到另一个网络的攻击的中心点,但由于受攻击面的影响范围限制,其安全价值往往有限。

四、网关和过滤

网关控制网段之间的信息流,美国工业互联网联盟发布的"工业互联网参考体系结构"将工业互联网的网关定义为"允许连接各种网络的转发组件"。这个定义非常宏观,描述了具有两个或多个网络接口的任何计算设备,可以在这些接口之间转发信息。

网关可以在网段之间转换和转发信息,而无须附加控制,如协议转换网关可以将老旧的、不安全的工业控制通信协议转换成新型的、加密的协议。网关还可以通过多种方式过滤信息流。例如,防火墙只转发符合特定规则的消息;单向网关在物理方面只能在一个方向上传输信息,并阻断另一个方向上的所有通信流量。具有过滤器的网关通过控制网段间的信息流实现网络分段,这些过滤器可以是双向的或单向的:双向过滤器则将信息转发到连接的网络中或从连接的网络中传出,而单向过滤器将信息独占地转发到一个或多个网段中,或从一个或多个网段中传出。过滤器可以是基于消息的或基于信息的,基于消息的过滤器在协议栈的某层保留消息结构,并在该层转发或不转发消息。基于信息的过滤器从网络接口的一条或多条消息中提取特定类型的应用程序级信息,并将该信息转发到另一个网络中,同时不保留原始网络消息结构的任何部分。网关还可以对重要的应用程序功能进行编码,例如,工业互联网中的 IT 与 OT 接口位置的双端口历史数据服务器,可以看成一个双向信息网关,具有明显的持续性分析功能。历史数据服务器使用工控设备的专用通信协议通过一个网络接口从 OT 网络收集数据,并使用客户机/服务器协议通过第二个网络接口将数据发布到 IT 网络。再例如,DDS(数据分发服务)网关通常在应用程序/中间件级别转换信息流,同时还支持安全的持续性、安全的分布式日志记录和安全的数据转换。

不同种类的网关提供不同程度的安全防护能力,传统网关可以将加密的、经过身份验证的通信流量转换为传统终端设备能识别的、安全性不高的通信流量,采用这种方式,传统的工业控制设备就可以和新的信息网络进行通信。单向网关在物理上无法将任何信息或攻击行为转发、回传至受保护的网络中,网关的安全功能在连接不同信任级别的网段时,应谨慎地与安全需求进行匹配,未进行信息安全加固的网关不应将只有功能安全的工业控制设备及其网络连接到公司企业级网络或 Internet。

带有过滤器的网关控制在网段之间传递的信息流,消息过滤器控制协议栈某层的消息流,而应用程序网关则倾向于更抽象地控制信息流,防火墙是体现许多安全特性的双向消息过滤网关的例子。重要的工业互联网过滤技术包括以下几种。

(1)第一层过滤。物理隔离是指网段与任何外部网络没有有线或无线方式的在线连接。物理隔离是最强大的过滤形式,但不能提供任何形式的连接。

(2)第二层过滤。分离物理网络中的信令系统,但转发开放系统互联(OSI)模型第二层的网络帧,托管交换机和桥接防火墙是基于以太网媒体访问控制(MAC)地址或其他设备级寻址过滤消息的典型技术。(VLAN)交换机用于流量管理,但其本身并不是安全设备,因此不建议将VLAN 作为不同信任级别网段的边界保护技术措施。

(3)第三/四层过滤。最常用的工业互联网消息过滤器是能够根据网络地址、端口号和连接状态过滤消息的防火墙,称为包过滤技术和状态检测器。

(4)应用程序和中间件层内容过滤。一些防火墙和其他消息过滤器基于特定的通信协议,能够根据应用程序内容过滤消息。例如,应用层过滤器可能允许设备寄存器的读取请求,但会阻止写入请求。其他过滤器可能允许来自特定用户的消息,但不允许来自其他用户的消息,称为深度包检查。

(5)消息重写过滤。一些消息过滤器在消息通过过滤器时修改消息,如网络地址转换(NAT)过滤器更改 IP 地址和端口号,虚拟专用网(VPN)服务器加密和解密消息流的操作都属于消息重写过滤。VPN 通常部署在工业互联网通信网络系统中,实现保护交互式远程访问机制的功能,以及当纯文本型的设备通信协议数据包通过广域网时,对其进行封装和保护。

(6)代理。具有消息重写功能的应用层消息过滤,通常至少维护两个功能类似的传输级连接——一个连接受保护网络上的设备,另一个连接外部网络中的设备。代理可以从自己的缓存和数据存储中回答查询或服务其他协议请求,也可以将请求转发到外部数据库。

(7)服务器复制。服务器复制机制在可信度不高的网段中维护部分或全部受保护的工业服务器的实时副本,最常见于 IT/OT 网络边缘。例如,对于发电厂的历史数据,服务器可以通过 IT/OT 防火墙进行复制。复制机制可以看成过滤器,只复制指向公司网络的历史数据的子集。

(8)虚拟网络。虚拟网络可以在虚拟机监控程序或虚拟防火墙主机中实现消息过滤。大多数消息过滤器可以在网关主机或设备软件中实现,或者作为真实或虚拟的网络设备实现。在主机或设备中,这些过滤器控制单个终端节点的信息交换。作为真实或虚拟的网络设备,带有过滤器的网关可以控制整个网段的消息和信息流。

五、网络防火墙

网络防火墙是面向消息的过滤网关,广泛用于分割复杂的工业互联网的网络,大多数防火墙是第二、三或四层 IP 路由器/消息转发器,带有复杂的消息过滤器。防火墙的形态可以是物理设备或虚拟网络设备,防火墙的过滤功能是检查防火墙接收到的每条消息。如果筛选器确定消息符合防火墙配置的流量策略,则消息将传递到防火墙的路由器组件以进行转发。防火墙也可以重写消息,最常见的方式是通过执行加密或网络地址转换(NAT)。

此外,功能齐全的防火墙可能包括以下特性:

(1)具有能够通过加密隧道转发消息的虚拟专用网络;

(2)要求用户在为该用户本身或用户的计算机启用消息转发之前通

过防火墙认证；

（3）允许在运行中,通过 FTP、SMTP、HTTP 或其他通常携带文件的协议,使用防病毒扫描引擎扫描文件;

（4）允许对流经防火墙的数据包利用入侵检测引擎进行扫描;

（5）允许流经防火墙的、与入侵检测签名规则匹配的数据包被丢弃。

设备级防火墙旨在保护终端节点,可以是具有深度包检查功能的传统防火墙,或具有深度包检查过滤器的第二层 IP 路由器,后者可以在不重新配置现有终端设备中的路由规则的情况下进行部署。

自学习型过滤器和可配置过滤器可用于设备防火墙应用程序级过滤,自学习过滤器监视一段时间内的流量,并自动创建过滤规则,将所有观察到的流量标识为正常的流量。学习模式完成后,可以将防火墙配置为仅转发符合筛选器的流量,而丢弃其他流量。同时,可以设置可配置的过滤器,允许某些应用程序级的内容通过,并禁止其他无关的内容。例如,允许写入某些现场控制设备寄存器而不是其他寄存器的策略;或者允许读取和写入任何寄存器,但不允许下载现场控制设备固件的策略。

六、单向网关

工业互联网方面的国际标准 IEC62443-1 和 NIST800-821,都使用了"单向网关"一词,指的是通过物理方法实现只允许信息单向流动的通信硬件,或指可以复制服务器和模拟设备的设备。目前,单向网关通常部署在大型工业设施的 IT/OT 网络接口和小型设施（如远程变电站和泵站）的 LAN/WAN 接口。当单向网关被部署为受信任网段中唯一的在线连接设备时,来自任何外部网段的在线攻击都不会影响受信任网段的操作。

使用光隔离的单向网关有一个光纤激光器作为发射器,但没有接收硬件;接收模块包含一个光纤光电元件作为接收器,但没有发射器。短光纤电缆连接两个模块,其他类型的单向网关使用电气隔离。单向服务器复制源网络中的服务器镜像,过滤信息并将该服务器副本单向传输到目标网络。在目标网络中,采用数据复制技术可以将从单向网关接收的其他数据发送到副本服务器,用户和应用程序通过查询副本获取信息,但无法从目标网络转发到源网络。

传输(TX)代理向数字化工厂的历史服务器查询历史数据信息,并通过单向硬件将其推送到公司 IT 网络。接收(RX)代理使用历史数据填充副本历史服务器,外部用户和应用程序通过查询副本的方式访问历史数据,来自公司 IT 网络或公司历史数据服务器的攻击不会影响受单向保护的数字化工厂网络的正常运转。

在使用模拟设备的时代,源网络中的单向复制软件会将源设备状态的快照发送到目标网络,目标网络中的复制软件模拟源设备,响应轮询或其他查询,就像真实的源设备响应那样。例如,可以单向复制 OPC(用于过程控制的 OLE)服务器,进而向企业历史服务器提供数据,从而降低攻击风险。与防火墙不同,单向网关通常不会将消息从源网络转发到目标网络,因为网关软件在每个服务器中都保持独立的通信连接。网关物理连接运行单向复制软件包的主机,所以只转发单向应用程序产生的信息流。当单向保护的网络需要周期性地安排更新时,可以部署周期性可逆单向网关。

当需要来自外部电源的连续输入(例如,当发电调度中心必须提供对发电机的逐秒控制,以实现根据电网负载条件变化实时平衡发电能力)时,单向网关的存在可以允许数据连续流入可信度要求高的网络。在这种情况下,网关将服务器和模拟设备复制到更可信的网络中,而不是直接输出给客户端访问。当信息,特别是工业控制信息被允许进入更可信的网络时,有必要对输入网络的控制指令流进行深度检查和验证,以确保物理过程的可靠性,进而保护工厂设备和人员的安全。单向网关可以在复制软件中内置信息过滤器,由于服务器复制软件从服务器中提取信息进行复制,因此可以设计复杂的策略对这些信息进行筛选。

七、网络访问控制

网络访问控制(NAC)结合网络控制和网络安全控制,允许或限制对通信网络的逻辑访问。例如,用户用以太网电缆连接交换机或路由器,即用电缆建立物理连接,交换机或路由器评估终端设备是否被允许对通信协议的逻辑访问权限。如果不允许访问,物理链路将保持"关闭"状态,并且连接的终端设备将保持在网络之外的锁定状态。一个众所周知的授权访问机制是 IEEE802.1X,基于每个设备的凭据(如身份证书及用户名和密码),允许或拒绝设备访问网络,IEEE802.1X 允许网络运营商对可以在网络中通信的设备集合保持强大的控制。基于 IEEE802.1X 认证方法的网络访问控制在许多现代以太网交换机和无线局域网接入点中都是可用的,在以太网交换机中,IEEE802.1X 通常按端口执行,在无线局域网中,无线局域网接入点取代了物理网络端口作为认证点。请求访问网络的设备必须实现"请求者"功能,而网络边界控制设备如交换机、路由器或无线接入点等,则需要实现"认证者"功能。在一些情况下,网络设备可以同时具有认证者和请求者的特征。请求者从身份认证器请求访问,该身份认证器将访问请求转发给身份认证服务器以供审查。完成认证之后,交换机或无线接入点启用端口或无线连接进行除 IEEE802.1X 认证帧之外的业务,身份认证服务器可以集成到工业现场控制设备中。身份认证服务器也可以作为整个网络的集中资源,通过远程身份认证接入用户服务(RADIUS)服务器实现。之后,可以集中管理用户名和密码等访问凭据,并可供作为身份认证程序的所有网络设备访问。此外,用户特定的配置信息可以通过 RADIUS 输出,并通过 IEEE802.1X 分配,如特定 VLAN 的成员资格。

八、使用安全网关保护传统端点、通信和连接

可以使用网关集成多种连接技术,如保护传统终端节点和通信链路,同时在工业互联网系统中启用兼容性和非兼容性部署的互操作,安全网关充当中介。应该使用类似的方法把对安全功能支持有限的老旧工业控制终端节点集成到现代工业互联网系统中。

工业互联网的网关面向一个或多个型号老旧、运行多年的控制终端节点执行代理功能,并将这些终端节点使用的自定义私有协议,转换为在相对较新的工业控制终端节点使用的现代互操作性协议,进而防止型号老旧的控制终端节点的攻击面暴露于互联网中,并可以兼容支持对用户身份认证和基于角色的授权的工业互联网系统和不支持这些安全操作的老旧系统。一方面,工业互联网的网关可以将信息规范化为几种特定的互操作协议,以互操作协议为基础,每种应用程序都可以通过网关进行互操作,而不必支持所有这些协议,同时可以减少攻击面。另一方

面，工业互联网的网关和每个型号老旧的控制终端节点之间的链路也可以使用对私有协议透明的技术进行保护。例如，在 LAN 中，当传统网段中的设备需要与工业互联网的网关通信而不需要彼此通信时，可以使用 VLAN 技术分离这些设备。在广域网中，易受攻击的传统通信协议可以通过在工业互联网/WAN 网络边界部署的防火墙中的 VPN 进行透明隧道传输。

第三节　工业互联网管（网）侧安全防护策略

工业互联网系统中的各种系统组件可能由一个实体拥有和部署，但由其他实体管理、维护或使用。例如，飞机维修公司必须能够访问喷气发动机的控制、仪表和监控通道，以便进行预测性维修。在某些情况下，此种类型的访问操作发生在设备运行时，且系统的正常运行不得受此访问的影响。设计合理的安全策略，是使用诸如 SAML、OAuth、OpenID 之类的技术实施跨工业互联网软件和硬件边界安全保护的基本条件。

安全策略通常使用安全模型进行形式化或半形式化分析，安全模型定义了安全行为的主体和对象之间允许和禁止的关系，因此可以更具体地定义安全策略。例如，Linux 文件系统的安全模型指定了哪些主体（进程）可以对哪些对象（如文件）执行哪些操作（如读、写、执行），工业互联网中使用的通信和连接协议（如 DDS）也存在类似的安全模型。

工业互联网通信和连接安全策略必须从综合性的风险分析中总结出来，这些策略需要指定如何过滤流量，如何对流量进行路由分配，如何保护交换的数据和源数据，以及应该使用什么访问控制规则。通信和连接安全策略可以使用策略定义语言（XML 或 XACML）进行定义，并通过通信中间件和网络管理规则组合实施。安全公司或组织应该明确测试工业互联网安全策略的一致性，并评估其全面性。安全策略应该以精细的颗粒度进行制定和实施，正确的策略必须以详细、一致和全面的方式定义，并且所定义的策略必须通过安全机制执行，进而提供针对执行过程的证据。

第四节 工业互联网网络安全态势感知技术

态势感知技术是对相关环境的理解,包括态势数据的收集、分析、警报、呈现、使用操作,以及安全信息的生成和维护活动,有助于形成一个整体的操作图景。理想情况下,工业互联网安全和实时态势感知应该无缝地跨越 IT 和 OT 子系统,而不干扰任何正常的工业控制运营业务流程,设计中必须考虑到安全性,应该尽早评估风险,而不是事后考虑安全性。工业互联网环境的特点为网络安全防御方增加了额外的挑战,一方面,网络安全管理操作通常需要一名分析人员了解工业互联网的网络环境和攻击者特性;另一方面,在维护工业互联网环境时,操作人员还必须掌握物理实体(如电力、水、石油、天然气等)的状态特征。因此,工业互联网的网络安全和态势感知需要跨越人、网络和物理的层面,以及无数可能的交互和协同,其技术复杂性远远超过传统 IT 网络。工业互联网态势感知对于攻防对抗环境中的人类决策极为重要,安全分析人员必须了解正在发生的事情,以便提高决策的速度和有效性,并确定如何在未来更有效地缓解威胁。态势感知取决于任务的具体背景和任务中个人的角色,传感器和操作数据提供了有关正在发生的事情的原始资料。大数据分析和人工智能将态势信息转化为对正在发生的事情的影响,以及对有效地实现预期结果的行动的理解。理论上,Mica Endsley 博士将态势感知概念转化为一个三层模型:第一层是在一定的时间和空间范围内对环境要素的感知;第二层是理解所感知的环境要素信息的深层次含义;第三层是对要素信息在不久的将来的发展趋势的预测。与态势感知层次结构相关的是数据、信息、知识、理解和智能的处理框架。

工业互联网的一个基本功能是提供物理任务系统的详细信息,以便评估该系统的健康状况,并根据需要选择和执行适当的控制行动。然而,工业互联网本身容易发生故障和遭受恶意的网络和物理攻击。失效或受损的工业互联网不能用于执行任务系统的准确意图,或者说要确保选定的控制过程由可信任的系统执行。因此,作为事件管理和任务保障的一部分,态势感知在监控整个系统的能力和有效性,以及确定适当的行动方案方面发挥着重要作用。对工业互联网的总体态势感知能力,包括对物理系统、相关网络和所有交互过程的准确描述。专门开发包含工业互联网系统相关的、所有的通信控制网络、物理系统和人类的态势感知系统是不现实的,工业互联网网络安全态势感知技术将至少涵盖以下几个方面的内容。

一、复杂态势数据的采集

信息物理系统的复杂性要求数据传感器尽可能靠近工业作业现场的物理元件、网络元件及其接口和操作人员,这些传感器将提供实时或近实时数据,并由操作员处理,同时需要历史数据和外部开源情报(例如,来自社交媒体、非官方渠道、网络安全应急小组和安全联盟)辅助。为态势感知系统选择合适的传感器的类型和位置非常重要,需要综合考虑以下几方面因素。

(1)传感器类型和位置的选择应注意如何确保更快、更准确地发现更具影响的异常。

(2)对于最关键的工业互联网物理资产,多个独立的传感器应通过彼此独立的路径提供信息,进而提供独立的态势及证据信息,并防止恶意中间人攻击。降低传感器的成本和减少其占地面积可以实现独立取证。

(3)在条件允许的情况下,数据传感器的设计应能够识别故障或攻击,不仅是在自己的域中,而且在跨域和两个域之间的接口中可以识别。例如,物理域传感器可以帮助识别网络空间中观察到的攻击特征。

(4)对于关键的控制操作,重要的是要传感器证明执行的正确性。

(5)以往实施成功的攻击和渗透行为的信息,将会有途径上传至新位置、新类型的传感器。

(6)内部威胁和供应链攻击总是很难被发现,需要小心地设置传感器和告警条件。

二、系统文档、评估和团队协作

当获得有意义的态势感知信息时,重要的是要将工业互联网的网络和物理状态映射到相应的结果中,以及对任务效果的影响方面。分析取证是一个耗时的过程,根据攻击行动的复杂性和困难性,可能需要数天、数周甚至数月。如果在检测到异常状态后才做出反应,那么在开发有意义的态势感知系统之前,恶意攻击的后果可能就已经很明显。当使用态势感知完成分析取证类任务时,建议采取以下积极措施。

(1)详细记录信息网络和物理实体系统的设计过程,并强调两者之间的关系。

(2)综合考虑传感器的选择和放置、外部情报的收集和使用及融合。

(3)设计分析的可视化,并整合技术因素和人员因素作为系统的输入。

三、过程的自动化

人类的认知能力仍然是态势感知过程的一个重要组成部分,但信息物理系统的日益复杂和从传感器提取的大量数据表明,尽可能采用自动化和辅助决策技术是态势感知的基础。自动化能力应支撑人类利用自身的认知优势建立态势感知认知,自动化能力体现在以下几方面。

(1)本体和关系:网络和物理系统的专家使用不同的术语、本体和可视化描述系统、系统元素之间的交互及与世界其他地方的交互。自动化需要对本体和它们之间的关系进行某种形式化的规范,上述系统描述和评估将为这些规范提供信息。

(2)建模:物理系统在过去已经被工程技术界广泛地建模,这些模型用于预测物理实体在各种运行环境、故障模式、操作模式下的性能。对信息网络系统及其行为建模较为困难,然而,信息网络状态和物理任务系统之间的关系、威胁和脆弱性分析及物理系统的详细建模,有助于构建一个整体,以自动化表征许多客观关系,并有助于分析和可视化。

(3)人工辅助机器学习:认知加载的自动化和管理的下一个阶段,是利用人工智能和机器学习实现自动化态势感知开发中的一些认知过程。使用人类注释辅助机器学习的技术在态势感知构建过程中可能是最有效的,可以将上面讨论的客观模型和人类的思考结合起来,构建分析和可视化能力,为态势感知提供更好的起点,从而实现更快、更有效的行动方案。

(4)综合态势感知:通过自动化态势融合技术,人工智能训练过程可以构建信息网络和物理实体元素的集成态势感知系统。之后，操作人员可以用一组通用的分析和可视化结果进行交互并协同工作，从而快速制定行动方案。

（5）全程实现全自动化：在某些涉及有组织行动的复杂情况下，多源态势组合状态在短时间内可能会有处理不及时的情况，导致无法根据人类认知能力制定态势感知和执行行动方案（COA）。全程自动化处理能力是在没有人为参与的情况下（或仅作为监护仪的人为参与）生成 COA 的能力，这些行动是系统弹性防护能力的一部分。

（6）考虑业务相关的时间框架：操作相关时间框架机制针对人类认知能力在短时间内处理不及时的问题，基于自动化能力，建立业务相关的时间框架，在该框架中允许人类的实时认知能力不做出反应，同时明确时间界限，将整个过程划分成多个阶段。通过这种时间框架机制，协助决策人员在攻防对抗过程中，能够组合多个阶段的态势情报，综合分析并形成最佳行动方案。

四、限制人类行为和物理参数控制

虽然人类提供了最好的认知能力和强有力的决策，但人类的判断错误和内部威胁是不可避免的。这些判断错误和内部威胁行为可能会影响工业互联网数据本身、分析、态势感知、响应行动及所选功能组件的实际执行效果。有两种对策选项可以缓解影响：限制人类被允许的行为范围，并规定范围外的行为需要至少两个以上行为人的同意；限制物理系统中关键参数的范围。

综合上述分析，在保护工业互联网时，必须了解其环境中的各个方面对提供安全防护能力提出的严峻挑战。因为工业互联网跨越了人、网络和物理层面，为攻击对手提供了无数可能的交互场景和攻击剖面。除了管理和信息收集之外，还需要有效的人类认知和推理。人是推动环境变化和处理信息的驱动力，可以促进适当的数据向决策发展，而工业互联网中的重要决策不是根据收集的各方数据自动做出的。实现态势感知所需的快速评估和决策能力，可以在 OODA 循环（观察、定位、决定、行动）的概念中建模，表示对 OODA 中所涉及的人如何解释和理解其态势。此外，植根于军事理论的"网络杀伤链"["网络杀伤链"是美国国防承包商洛克希德·马丁公司提出的能对网络安全造成威胁的杀伤链模型（普遍适用的网络攻击流程与防御概念）]理念，能够对事件响应和保护工作进行评估。杀伤链的各个阶段包括侦察、开发、安装、指挥、控制及行动，对 Stuxnet 恶意软件感染的网络杀伤链的分析表明，这种攻击行为是难以阻止的，因为攻击载体已经自我变形并深植入目标中。对杀伤链的分析表明，更好的早期态势感知和安全实践与实时决策策略，可以在早期阶段发现此类长期寄生型攻击。对于工业互联网而言，更好地更新诸如 PLC 之类的现场设备的设计和维护结构，允许在配置、更新和更换方面更具灵活性和安全性，是防御 APT 攻击的基本要求。作为事件管理和任务保障的一部分，工业互联网中的态势感知在监控整个系统的能力和有效性，以及确定适当的行动方案方面发挥着重要作用，包括对物理系统和相关网络的尺寸进行精确描述，以及掌握各种工业互联网各功能组件和模块之间的所有相互作用。

第五节　工业互联网蜜罐和蜜网技术

一、工业互联网蜜罐

蜜罐是一种网络中的诱饵或虚拟目标，用来吸引、检测或观察攻击行为。通过将自身暴露于探测和攻击行为之下，目的是在攻击入侵者实施攻击行动时对其进行引诱和跟踪。部署和运行蜜罐基础架构需要预先进行周密规划，并确保蜜罐本身不会被攻击。蜜罐可以分为攻击行为研究和监测预警应用两类，前者用于获取有关攻击方法的情报信息，而后者用于通过提供针对网络基础设施的攻击事件检测告警，实现对信息和通信基础设施的保护。根据攻击入侵者与蜜罐（主要是应用程序或服务）交互的能力也可以区分蜜罐类型。高交互蜜罐可以被探测、攻击和破坏，这类蜜罐使攻击者能够与系统进行交互，获取有关其入侵及其所利用技术的最大信息量，而并不限制攻击者的行为。因此，一旦蜜罐系统遭到破坏，需要进行大量的密切监测数据和详细分析。低交互蜜罐是模拟漏洞而不是呈现真实的漏洞，限制攻击者与其交互的能力，主要用作诱饵，且并不太灵活。低交互蜜罐安全性高，因为攻击者并不能对该蜜罐进行攻击。此外，服务器端蜜罐和客户端蜜罐之间还有明显区别，前者为被动等待攻击，而后者能够主动搜索恶意服务器并表现出被攻击者（主要用于检测客户端浏览器漏洞）遭受攻击时应做出的反应，客户端蜜罐有 Shelia、HoneyMonkey 和 CaptureHPC 等。

在工业互联网的上下文中，蜜罐可以以不同的方式实现，且取决于应用场景：在 OT 网络中，低交互蜜罐可以模拟网络服务器（例如，生产过程中的控制站）的操作，而在现场网络中，蜜罐使用能够模拟 RTU 操作的系统（例如，SCADA 协议仿真器）实现。在企业的流程控制网络或信息与通信网络中，高交互蜜罐是有足够运行技术条件的（甚至以虚拟机的形式，在同一主机上共存），同时还可以模拟最小服务的低交互蜜罐。此外，在某些情况下，一些针对系统的攻击可以重定向到蜜罐，从而提供有关攻击者及其意图的更多信息。目前工业互联网蜜罐的实现方式主要有三类。第一类以 Cisco 的 SCADA 蜜网项目为代表，该项目始于 2004 年，目的是创建一个模拟工业网络的框架，能够模拟工业控制系统的以下几个层次。

（1）协议栈层：模拟设备的 TCP/IP 栈。

（2）协议层：模拟工业协议（如 Modbus、OPC、DNP3.0 等）。

（3）应用程序层：模拟几种典型的 SCADA 应用程序（Web 服务、管理控制台）。

（4）硬件层：模拟一些 SCADA 设备中的串行端口和调制解调器。

该项目已不再维护，但仍然可以在项目官方网站下载（Cisco2004）。

第二类是 Digital Bond 的 SCADA 蜜罐项目，该解决方案至少使用了两台机器：一台使用网络防火墙监视网络的活动；另一台则使用可供攻击者使用的服务，如 Modbus/TCP、FTP、Telnet、HTTP 和 SNMP（Digital Bond 2006）模拟 PLC。

第三类是现场总线蜜罐，与上述两类有所不同，现场总线蜜罐不仅在 Modbus 环境中提供低成本、模块化和高度可配置的实现方案，而且在体系架构方面有明显区别：现场总线蜜罐的基础结构，从业务形态方面可以简单划分为操作网络（主站和数据库所处位置）和一个或多个现场网络（部署多个 PLC 和 RTU 及执行器，控制关键生产控制过程）。除了这两个方面外,还有具体的工业互联网系统的操作(如 SCADA 系统、DCS 系统等),以及通信网络系统,并包括其他设备(如工程师站、服务器)和服务(如成本和库存管理)方面,也与上述两类蜜罐有明显区别。

现场总线蜜罐运行于工业现场控制网络中,与网络中已有的 PLC、RTU、传感器和执行器互联互通和信息共享,并绑定网络中未使用的 IP 地址段。具有较高的迷惑性,更加可以引诱攻击者深信当前面对的是一个值得攻击的目标。同时,通过充当工业互联网的诱饵,向上一级分布式生产控制系统(如 SCADA 系统、DCS 系统等的主站系统,PLC 系统的上位机等)发送异常工业互联网设备事件及设备的相应 ID,并引导攻击事件的应急响应过程。现场总线蜜罐的存在形态一般是模拟的 PLC,模仿真实 PLC 的行为和操作,也可以是 RTU、传感器或执行器等。在正常情况下,现场总线蜜罐将等待来自某个探测网络或假冒主站的入侵者试图尝试。实际上任何连接该蜜罐设备的尝试都可能产生安全事件,因为根据蜜罐的设计初衷,现场总线蜜罐中的任何活动都是非法和未经授权的(除蜜罐本身的管理操作外)。

现场总线蜜罐是一种混合型的蜜罐架构,模拟运行 PLC 设备中常见的服务和完整行为。

(一)蜜罐前端编程接口

现场总线蜜罐通过蜜罐前端接口与现场总线网络连接,该接口模块有四个组成部分。

(1)工业控制协议(如 Modbus、DNP3.0 等)API,接受基于协议承载的控制命令,其行为类似于常规 PLC,提供所有最小的协议功能(寄存器、操作等)。

(2)文件传输协议(FTPD)模块,提供类似于工业 PLC 产品中常见的 FTP 服务。

(3)简单的网络管理(SNMPD)协议模块,提供 PLC 中的 SNMP 设备管理接口和功能。

(4)端口扫描检测模块,能够检测预设定范围内的 TCP/IP 服务端口中的任何扫描探测活动。

工业控制协议 API 是专门实现工业控制协议相关功能的模块,现场总线蜜罐中的工业控制协议一般为常用的工业自动控制协议，如 Modbus、OPC、DNP3.0 等，但选择时应注意考虑协议的标准化、流行性及开放性，该协议的标准文档和开源项目应是公开且容易获取的。并且协议操作很容易理解，控制主站向响应命令的 RTU/PLC 等发送控制命令（大多数情况下主要是读或写操作），主站使用基于协议的报文轮询并更改来自 RTU/PLC 的寄存器值。与真正的 PLC 一致，工业控制协议 API 模块实现用于存储值/寄存器变量的动态变化，使攻击者能够与其交互、轮询和更改参数，蜜罐以相应的应答报文响应攻击者的请求。工业控制协议 API 模块还有一个协议消息解析器，用于分离各种消息字段，以便将消息字段发送到事件监视器。除协议消息字段（事务标识符、协议标识符、长度字段、单元标识符、功能代码和数据字节）外，该模块还存储有关交互的背景信息，如源 IP 和时间戳。FTP 和 SNMP 模块分别提供各种 PLC 中常见的文件传输和管理服务，每个模块还有一个监控服务日志的程序，该程序可以访问并存储日志中的任何条目，并能够将其报告给事件监视器进行进一步分析。为了提供更逼真的交互能力，现场总线蜜罐的结构中还包含端口扫描检测模块，该模块与蜜罐本身所处的工业互联网场景的上下文没有直接关系，但能够捕获通用网络交互操作，检测攻击者的存在。同时，侦听其他模块（ModbusAPI、FTPD 和 SNMP）未使用的其余端口，完成简单的交互报告，也可以根据蜜罐中使用的配置情况，向事件相关器发送详细信息。

（二）事件监视器

事件监视器的功能是分析蜜罐前端编程接口获取的信息，该模块分为 4 个子模块：

（1）过滤器；

（2）事件简化和聚合；

（3）事件汇集；

（4）事件发送。

任何事件都将按固定顺序即从（1）到（4）的顺序）通过所有子模块。过滤器、事件简化和聚合模块可以预处理信息安全事件，优化系统资源（例如，处理和网络），并有助于提高解决方案的可扩展性，使其适应更大的工业互联网场景需求。过滤器模块用于根据先前定义的配置过滤相关事件，这些配置存储在一个文件中，该文件在模块启动时或通过看门狗模块请求读取。例如，过滤器模块可以丢弃不感兴趣的事件，相关事件接下来被发送到事件简化和聚合模块，由该模块处理次事件，以便通过相似的特征（例如，将相关事件分组）对事件进行聚合处理。事件汇集模块负责使用标准格式创建安全事件消息，事件消息结构基于入侵检测消息交换格式 IDMEF（intrusion detection message exchange format）创建，IDMEF 是为入侵检测系统设计的入侵检测消息交换格式。使用 ID-MEF 作为标准消息格式可以提高不同供应商软件之间的互操作性，ID-MEF 消息基于 XML，采用面向对象的数据模型，其中顶层类是 IDMEF-Message 消息类，顶层类有两个子类：Alert（警报）类和 Heartbeat（心跳）类。每个子类都可以有几个聚合类，其中包含有关消息的信息（例如源、分类和检测时间）。IDMEF 是一种广泛使用的数据格式，支持多种类型的主机和网络入侵检测系统。在现场总线蜜罐中，IDMEF 消息将分别使用传感器和处理节点［在这种情况下是蜜罐和事件相关器（其负责事件关联和处理操作）］之间的安全信道发送，消息传输由事件发送模块完成。

（三）蜜罐管理（看门狗程序）

现场总线蜜罐包含用于远程管理的看门狗程序模块，该模块允许安全人员以授权的通道修改蜜罐配置（例如，对过滤器及事件简化和聚合模块进行配置），而且该通道是唯一授权的蜜罐连接方式。看门狗程序模块还允许远程执行某些操作（例如重新启动模块），但所有与看门狗程序模块的连接都受到安全通道的保护，并使用传输层安全（TLS）协议在两端进行身份验证。

（四）蜜罐防火墙功能模块

必须采取有效措施防止攻击者将现场总线蜜罐变成攻击向量，防火墙在这方面发挥着重要作用，因为防火墙可以配置为允许所有与蜜罐的输入性连接，但必须配置为拒绝从蜜罐到其余系统的任何连接（与传统 IT 防火墙配置相反），从蜜罐到攻击者的连接将是唯一允许的输出性连接。

现场总线蜜罐结构可以在单板计算机/嵌入式计算机，甚至树莓派（Raspberry PI）上运行，因此是一种经济而高效的解决方案。蜜罐前端编程接口、事件监视器、蜜罐管理（看门狗程序）和蜜罐防火墙功能模块等都可以找到相应的开源代码框架进行迭代性开发，简单且容易实现。

二、工业互联网蜜网

蜜罐在工业互联网中的应用在某些情况下会遇到明显的障碍，如在特定的工业互联网环境中部署模拟工业控制组件的蜜罐，并模仿整个生产控制网络系统中的设备行为，可能会干扰真实控制系统的正常运转。此外，工业互联网蜜罐不能发现或捕捉发生在纵深防御边界（如防火墙）之外的攻击行动。因此，虽然工业互联网蜜罐优势很明显，但也存在技术短板。

蜜网是用来吸引潜在攻击者并分散其对生产网络的注意力的网络，而并非一台单一主机，这一网络系统隐藏在防火墙后面，对所有进出边界的流量进行监控、捕获及控制。在蜜网中，攻击者不仅会发现易受攻击的服务或服务器，还会发现易受攻击的路由器、防火墙和其他网络边界设备、安全应用程序等。

工业互联网蜜网体系结构是通过在互联网中以地理分散的方式部署多个工业互联网蜜罐节点实现的，这些节点与存储、分析和管理节点进行通信。同时，工业互联网蜜网将以云计算环境作为部署环境，云平台可以提供在全球多个位置运行蜜网所需的资源条件（如自动化部署、操作和维护任务），因此可以极大地提升针对工业互联网 APT（高级持久性威胁）攻击的捕获概率。从系统层的角度分析，基于云的工业互联网蜜网的功能模块主要由数据捕获、数据收集、数据分析和蜜网管理构成。

（一）数据捕获和数据收集

工业互联网蜜网模拟各类服务，其捕获与周围环境的交互情况是通过每个服务/协议的单独组件实现的。除收集网络数据外，只要定义应答生成机制，每个服务/协议组件都可以对接收到的消息做出响应。包括各种特殊情况在内的所有产生的通信交互信息（例如，完整性、与相应标准的一致性等）都可以被捕获。

为了避免潜在的泄露信息的风险，数据捕获过程将在 OSI（开放式系统互联通信参考模型)的两个不同层次实现。

(1)网络层,对于模拟的每个协议,使用IPTABLES(Linux内核集成的IP信息包过滤系统)规则将输入和输出的原始流量重定向在应用程序级别的蜜网软件,利用蜜网软件处理每个单独的数据包。这种方法能够实时捕获和分析整个原始数据包。此外,持久存储数据包转储的结果的能力,使应用程序能够使用数据包分析器进行后续的详细检查。

(2)应用程序层,如果工业互联网蜜网用于实现特定工业控制协议的服务(例如,Modbus组件的Modbus服务器),则可以集成通过上述IPTABLES重定向接收的原始数据并在内部使用。例如,可以通过在开源Modbus服务器代码实现的适当位置,添加钩子函数处理特定的Modbus事件。这种方法允许通过使用标准技术(例如,创建用于侦听端口的TCP套接字),将诸如处理从蜜网功能模块软件到操作系统的TCP连接之类的任务卸载,从而提高性能。

在目标工业互联网的一个/多个位置获取的所有信息可以关联融合,并获得全蜜网系统的整体情况。因此,评估在时间和/或空间上分离的事件并发现事件之间的相关性成为可能,而在工业互联网中识别网络攻击,正好需要实时的、基于事件相关性的网络威胁监测和预警能力,因此还需要集中的数据收集和分析功能模块。

(二)数据分析

工业互联网蜜网的主要功能是从各分布式蜜罐收集到的数据中提取有用信息并分析出有价值的结论,该功能将通过使用机器学习或深度学习算法技术、第三方工具(如MATLAB)及自定义Python脚本,在蜜网结构中的数据分析功能模块完成。此外,数据分析功能模块将数据按照时间、位置、业务、工艺、用户、产品、规格等多维度进行组合、分类,形成多种线索组织的数据集,并提供灵活的检索和查询能力。

(三)蜜网管理

工业互联网管理功能组件完成整个生命周期内的蜜网管理(配置、监控、自动部署),具体功能包括:通过安全远程管理机制创建蜜罐节点、蜜网范围内的操作控制等。工业互联网蜜网的存储、分析和管理节点必须使用公开的API控制分布式蜜罐软件本身和宿主环境。工业互联网蜜网管理组件与蜜罐软件完全分离，其内部使用多层结构。通过这些不同层的软件代码实现从高级（操作员）命令到部署环境特定操作序列的转换，这些操作随后扩展到必须在目标部署环境上执行的实际操作，包括与其他资源（如 Shodan 搜索引擎）的可控交互。所有这些操作都必须进一步转换为特定于每个部署环境的实际操作系统命令，如安装所需的软件或部署蜜罐软件动作等。

为获得攻击威胁态势的准确画像，并捕捉后续攻击行为，进而对整个攻击行动实现全面掌控，需要高交互的工业互联网蜜网，而这种工业互联网蜜网的核心功能要素是数据捕获与收集、数据分析和蜜网管理，其他功能可以根据实际的使用条件来增加。

第六章　工业互联网攻击检测

随着科技和信息化的发展,数字化经济转型在如火如荼地开展,基于工业互联网的新技术、新模式和新业态取得了空前进步,但与此同时,工业信息安全形势日趋严峻,安全风险持续攀升。工业互联网深度融合了 IT 网和 OT 网,工业网络体系会以服务为导向进行动态适配,同时也会增加更多的攻击入口和攻击路径,为此,攻击检测也需要引入一些新的技术特征与防护模式。当前,攻击的种类越来越多,攻击方式越来越复杂,攻击检测技术也开始应用于工业互联网领域。

第一节　异常攻击检测

一、异常攻击检测原理

异常检测(anomaly detection),也称为离群值检测,是识别与正常情况有显著差异的意外事件、观察结果或项目。任何类型的异常检测都基于两个基本假设:

(1)数据异常很少发生;

(2)数据异常的特征明显不同于正常实例。

异常通常可以按照以下几种方式进行分类。

(1)网络异常:指网络行为异常,偏离正常、标准或预期。要检测网络异常,网络所有者必须具有预期或正常行为的概念。检测网络行为异常需要持续监控网络以发现意外趋势或事件。

(2)应用程序性能异常:是指端到端应用程序性能监控检测到的异常。这些系统观察应用程序功能,收集有关问题的数据,包括支持基础设施和应用程序依赖性。当检测到异常时,将触发速率限制,并通知管理员有关问题数据的来源。

(3)Web 应用程序安全异常:包括可能影响安全的任何其他异常或可疑的 Web 应用程序行为,如 CSS 攻击或 DDoS 攻击。

异常检测面临的挑战包括如下内容：

(1)正常状态不能明确定义；

(2)在某些领域正常和异常并没有明确的界限；

(3)数据本身存在噪声,噪声和异常难以区分；

(4)正常行为并不是一成不变的,也会随时间而演化；

(5)标记数据获取难,标记数据量少。

异常检测主要由两步构成:信息收集和信号分析。

（一）信息收集

异常检测的第一步是信息收集,内容包括系统、网络、数据及用户活动的状态和行为。而且,需要在计算机网络系统中的若干不同关键点(不同网段和不同终端)收集信息,这除了尽可能扩大检测范围外,还有一个重要的因素就是从一个来源的信息有可能看不出疑点,有几个来源的信息的不一致性是可疑行为。当然,异常检测很大程度上依赖于收集信息的可靠性和正确性。

（二）信号分析

针对上述步骤收集到的有关系统、网络、数据及用户活动的状态和行为等信息,一般通过三种技术手段进行分析,即模式匹配、统计分析和完整性分析。

自 1970 年出现工业串行链路以来,Modbus 协议使得数以万计的自动化设备能够相互通信,是目前使用最广泛的工业协议之一。Modbus 作为应用层报文传输协议,其采取的是客户机/服务器的通信模式。Modbus 族中包含用于串口链路的 Modbus RTU 和 Modbus ASCII,以及用于工业以太网的 Modbus/TCP。当前,针对工业互联网的异常攻击检测主要为控制逻辑运行异常检测和通信行为异常检测。

二、常见异常攻击检测的方法

监督、半监督或无监督机器学习技术为异常检测算法提供了基础,因此异常检测方法主要分为三类:监督异常检测方法、半监督异常检测方法和无监督异常检测方法。本质上,正确的异常检测方法取决于数据集中可用的标签。

(1)监督异常检测方法。监督异常检测方法使用带有正常和异常样本的标记训练集构建预测模型。最常见的监督方法包括贝叶斯网络、k最近邻、决策树、监督人工神经网络和支持向量机等。监督异常检测方法类似于传统的模式识别,二者的不同之处在于异常值检测在类别之间存在严重的不平衡,因为并非所有统计分类算法都适合异常检测的固有不平衡性。

监督模型的优势在于它可以提供比无监督技术更高的检测率。这是因为它可以通过模型输出返回一个置信度分数,结合数据和先验知识,对变量之间的相互依赖性进行编码。

(2)半监督异常检测方法。半监督异常检测方法根据一个给定的正常训练数据集创建一个表示正常行为的模型,然后通过检测由学习模型生成的任何一个实例的可能性来检测异常。半监督异常检测方法也适用于部分标记的数据集,它仅在标记的数据子集上构建分类算法,并使用该模型来预测剩余数据的状态。

(3)无监督异常检测方法。无监督异常检测方法不需要手动标记训练数据,仅根据数据的内在属性来检测未标记数据。无监督异常检测方法假设只有一小部分、统计上不同的网络流量是恶意和异常的。因此,这些技术假设频繁、相似实例的集合是正常的,并将不频繁的数据组标记为恶意。最流行的无监督异常检测算法包括自编码器、k均值聚类算法、GMM和基于假设检验的分析等。

在搜索相对罕见的异常数据时,用户不可避免地会遇到可能与异常行为相似的相对高水平的噪声。这是因为异常行为和正常行为之间的界限通常是不精确的,并且可能会随着恶意攻击者调整他们的策略而经常改变。此外,由于许多数据模式是基于时间和季节性的,因此异常检测技术存在额外的固有复杂性。例如,需要随着时间的推移分解多种趋势,需要更复杂的方法来识别季节性与噪声或异常数据的实际变化。由于以上原因,存在如下几种异常检测技术。

(1)基于聚类的异常检测。基于聚类的异常检测在无监督学习中仍然很流行。它基于这样的假设,即相似的数据点倾向于成组聚集在一起,这取决于它们与局部质心的接近程度。k均值是一种常用的聚类算法,它可以创建k个相似的数据点集群。然后,用户可以在系统设置中将不属于这些组的数据实例标记为数据异常。作为一种无监督技术,聚类不需要任何数据标记。

可以部署聚类算法来捕获异常数据,该算法已经在训练集上创建了许多数据集群,以便计算异常事件的阈值。如果数据点与其最近质心之间的距离大于阈值,则这些数据点就是异常的。

(2)基于密度的异常检测。基于密度的异常检测技术需要标记数据。该项技术是计算所研究的点的周围密度和其邻近点的周围密度,基于这两个密度值计算出相对密度,作为异常分数,即相对密度越大,异常程度越高。这些异常检测技术基于的假设是:正常点与其邻近点的密度是相近的,而异常点的密度与其邻近点的密度存在较大差异。

(3)基于统计检验的异常检测。使用这类技术的基本假设是:正常点的数据是遵循特定分布形式的,并且占了很大比例,而异常点的位置和正常点相比存在比较大的偏移。比如高斯分布,在平均值加减 3 倍标准差以外的部分仅占了 0.2% 左右的比例,一般把这部分数据标记为异常数据。使用这类技术存在的问题是:均值和方差本身都对异常值很敏感,因此如果数据本身不具备正态性,就不适合使用这种检测方法。

(4)基于距离的异常检测。基于距离的异常检测技术通过计算每个点与周围点的距离,来判断一个点是否存在异常。基于的假设是:正常点的周围存在很多个邻近点,而异常点与周围点的距离都比较远。

(5)基于深度学习的异常检测。目前,最常用于异常检测的深度学习技术主要为自编码器(autoencoder)。autoencoder 包含两个主要部分:encoder(编码器)和 decoder(解码器)。encoder 的作用是发现给定数据的压缩表示,decoder 用来重建原始输入。在训练时,decoder 促使 autoencoder 选择最有信息量的数据,最终保存在压缩表示中。最终压缩后的表示就在中间的 coder 层当中。根据正常数据训练出来的 autoencoder,能够将正常样本重建还原,但是无法将异于正常分布的数据点较好地还原,导致还原误差较大。如果样本的特征都是数值变量,则可以用 MSE 或 MAE 作为还原误差。其检测分为两步:首先,用正常的数据集训练一个 autoencoder;然后,用训练出来的 autoencoder 计算异常数据的重建误差,重建误差大于某个阈值为异常,否则为正常。

第二节 APT攻击检测

一、APT攻击分析

APT攻击通常是由一群高级攻击者共同完成的,以获取目标机构或政府的关键信息。APT由如下三个关键词组合而成。

(一)高级

APT攻击者能够将常见且成熟的攻击技术手段组合或改进为执行APT攻击所需的高级工具和先进方法,并且针对网络中的脆弱点随时调整攻击方案来发动和保持攻击。

(二)持续

APT攻击者的目标是高度坚定和持久的,且他们不会放弃。一旦进入目标系统,就会尽可能长时间地待在目标系统中。同时策划并使用一些规避技术来逃避攻击目标中的入侵检测系统的检测。通常寻求低调而缓慢的攻击方式来提高其攻击成功率。

(三)威胁

APT攻击通常会致使攻击目标的敏感数据丢失且关键环节或任务受阻。尽管各个国家和组织机构对其事务或数据采取了先进的保护措施,但APT攻击仍然对许多国家和组织机构形成越来越大的威胁。

APT攻击是为了提高攻击成功率而精心策划和组织的攻击活动。为了达到指定的目标,系统攻击者必须在不被发现的情况下,以不同的形式发起多个阶段性的攻击。攻击者一般会先设法进入网络中的一个系统,然后执行必要的特权升级以抵达目标系统,从而访问目标系统的关键环节,其间通过网络连接将攻击状态或信息发送给攻击者的命令和控制中心。换言之,APT攻击一般会针对目标网络建立立足点,执行内部网络扫描,在网络中从一个系统横向移动到另一个系统,最终到达目标系统并执行侵害活动。在进行侵害活动后,攻击者可能选择继续在网络的其他系统上进行恶意活动或清理痕迹后离开系统,这取决于攻击者雇佣方的意图。整个APT攻击过程中,攻击者和目标网络中的攻击载体通过命令控制中心交互信息。实际上,APT攻击的整个过程没有具体的固定模式,但是可以从大体上总结出攻击通常会经历以下几个阶段。

阶段 1:侦察

侦察是攻击者了解目标网络的阶段。攻击者越了解目标网络,成功率就越高。这个阶段,攻击者会广泛研究所要攻击的目标网络,收集必要的信息和有价值的情报,以提高攻击成功率。该阶段收集的信息甚至涉及员工的社交生活、习惯和经常访问的网站等细节。此外,还包括底层 IT 基础设施的细节,如交换机的类型、路由器、反病毒工具、防火墙、使用的 Web 服务器、开放的端口等,这些不仅有助于攻击者建立立足点,还有助于其深入渗透到目标网络内部。这一阶段,信息收集技术通常涉及社会工程技术、现场勘察、端口扫描和服务扫描,也可能会利用边界网关协议(BGP)查找域和路由信息,或在目标网络上查找具有高风险的漏洞并利用这些漏洞进行攻击,如跨站脚本(XSS)和 SQL 注入,或核实目标网络中开放的端口、地址范围、网络地址、活动机器、防火墙、IDS/IPS、运行软件、接入点、虚拟主机、过时的系统、虚拟化平台、存储基础设施等,以解密目标网络布局。APT 攻击者一旦收集到足够的信息,就会制订攻击计划,并准备必要的工具。

阶段 2:建立立足点

为了达到攻击目的,APT 攻击者需要在目标网络中建立立足点。如果 APT 攻击者实现了这个阶段的攻击,表示 APT 攻击者已经成功进入到攻击目标的计算机或计算机网络。该攻击阶段可利用阶段 1 中收集到的信息(在目标网络的 Web 应用程序中发现的漏洞,或终端用户系统中的漏洞等),通过水坑攻击、钓鱼攻击、USB 设备、网络下载等途径部署恶意软件。接下来 APT 攻击者耐心等待恶意软件在攻击目标的网络内运行,打开目标系统的大门。此时,对于 APT 攻击者的挑战就是保证恶意软件在没有被反病毒工具、入侵检测和入侵防御系统检测到的情况下可以顺利运行。攻击者一旦将恶意软件在目标系统中运行并控制了目标系统,就会保持低姿态,尽量不被发现以进入下一阶段。通常,APT 攻击者立足目标网络后,会建立一个命令控制通信通道,以进行后续攻击。命令控制服务器是 APT 攻击周期中非常重要的一个组成部分,也称为 C&C 或 C2 服务器,APT 攻击者需要用它建立与攻击目标之间的开放通信通道。

阶段 3:横向移动或保持隐蔽

这一阶段中,APT 攻击者的目的是将他们的立足点扩展到目标内部的其他系统,以搜索到需要的攻击目标。如果 APT 攻击者的目的是破坏目标机构的关键环节或窃取目标机构数据,他们将在目标网络内横向移动,以搜索这些重要环节或数据。当 APT 攻击者获得其攻击目标的系统访问权限后,就可以轻松扩展到目标内部环境中的其他系统。他们使用各种技术从立足的系统访问其他主机并访问敏感资源。最常见的情况是,APT 攻击者会在此阶段使用窃取到的合法凭证将恶意软件和其他工具安装在不同的机器上,并且要保证这些工具不被发现。这个阶段中可能涉及权限升级技术,也可能通过键盘记录程序获取用户的密码,还可能利用哈希传递或利用漏洞等方式获取密码,这些都是 APT 攻击者常用的密码转储工具。

阶段 4:泄露或阻碍

当 APT 攻击者的目的是侵蚀攻击目标的关键环节时,本阶段包括破坏或摧毁这些重要环节等活动。当 APT 攻击者的目的是获取组织机构的数据时,本阶段包括检索该数据并将其发送到攻击者的命令和控制中心。在盗窃组织机构数据的情况下,APT 攻击者将收集的数据导出到命令控制服务器。由于大多数入侵检测和防御系统都是对进入端口的数据过滤而不是对出口的数据过滤,因此数据外泄可能不会被检测到。APT 攻击者根据攻击目标建立的防御方法,可能会智能地将数据泄露分成多个批次,并发送到不同 IP 地址的服务器。大多数恶意软件利用域名系统(DNS)定位其域名服务器和被攻击设备,据此,APT 攻击者可以与受害设备建立长期连接,窃取敏感数据。

阶段 5:后期渗透或撤退

这一阶段包括达到目的后期渗透或撤退,如持续窃取数据、破坏更重要的环节、删除证据后彻底退出组织的网络等。如果 APT 攻击的目的只是实施一次性破坏,在实现后就可以退出攻击。然而,APT 攻击的目的也可能不仅仅是执行一次有害活动,而是持续潜伏在目标组织中,直到攻击者的雇佣方解除攻击,比如攻击的目的是长期潜伏获取数据。

这种情况就需要在获得当前数据后更进一步渗透目标网络,在此过程中继续检索,一旦发现需要的信息就随时导出数据。不管是要退出攻击还是继续潜伏,APT 攻击者在此阶段都必须要掩盖自己的踪迹,这样就不会留下任何线索。此阶段的工作即尽可能地删除在攻击期间产生的文件、安装的各种工具或可能成为攻击有力证据的日志等。

对于任何一种 APT 攻击目标(如泄露、破坏和潜伏),以上 5 个阶段中,前 2 个阶段都是攻击者必须经历的,因为详细的侦察和建立立足点可以提高成功概率。其他 3 个阶段,根据攻击者的目标不同而有所不同。如果攻击者的最终目标是潜伏在网络中,攻击者会在阶段 3 保持潜伏并随着攻击目标内部的网络变化保持自我更新,同时研究和了解目标机构的工作系统和用户,从而获得尽可能多的信息且不被攻击目标机构发现。此外,如果攻击者的目的是窃取组织机构的数据或破坏组织机构的关键环节,攻击者将不得不在组织机构网络内部横向移动搜索数据资源或关键组件以保证达到攻击目的。在阶段 4 中,不同的 APT 攻击也会有所不同。例如,如果攻击目的是窃取组织机构数据,APT 攻击者会开展数据外泄相关活动;如果攻击目的是侵蚀目标机构的关键环节,APT 攻击者会开展阻碍其计划实施的相关活动;如果最终攻击目标是潜伏在网络中,APT 攻击者不会进入阶段 4 和阶段 5,除非攻击的最终目的突变为窃取组织机构数据或破坏组织机构的关键环节。

二、常见 APT 攻击检测方法

APT 攻击具有隐蔽性强、成功率高、危害性极大的特点。APT 网络攻击行为往往通过多种途径实施,在不同的地方总会留下相应的痕迹和线索。因此需要有多个检测和分析模块,如沙箱检测、异常检测、全网流量检测、攻击溯源与关联分析等。

(一)沙箱检测技术

沙箱是一个封闭的且独立检测环境,类似于蜜罐系统,用于检测网络攻击。沙箱技术也可以针对 0day 攻击,传统的异常检测使用的是特征检测方法,而 0day 攻击采用的是非未知的攻击技术,所以当有 0day 攻击时,由虚拟沙箱进行检测可以提高系统防御入侵的能力。

虚拟沙箱不局限于可执行程序,而是面向更广阔的软件应用,虚拟出来的运行环境能够模拟正常的软件行为。例如,模拟微软 Word 程序的功能来打开捕获的可疑 doc 文件,从这个过程中发现是否有尝试利用漏洞进行攻击的行为,如远程 URL 下载、堆喷、释放文件并执行等。但被检测样本的复杂性和多样性使得沙箱检测变得非常局限,如待测样本的环境、数量、类型等。其检测的效果也非常依赖于样本本身,若样本本来是未知的,攻击则很难加以检测。

(二)异常检测技术

异常检测主要是识别异常活动,包括网络入侵、日志审计等。通信过程中的心跳信号有周期规律的通信请求、命令通信光谱特征多态匹配、上下行数据异常流量比等都是检测恶意代码时最为关注的行为特征。当遇到 APT 中的 0day 攻击时,因没有异常的特征而无法检测,所以异常检测首先需要采取的是对正常的网络行为建模,当检测的行为与建模行为有偏差时,就存在网络攻击。其核心是源数据的提取、对异常特征的检测和对行为模式的检测。

数据包括时间、空间、日志、流量等,用少量的数据去检测是否异常。异常特征涵盖了时间、空间、日志、流量等基础特征,也可以用于互相计算而得出的新特征。行为模式主要是针对主机、服务器行为。

(三)全网流量检测技术

全网流量是指对计算机网络的五层(应用层、传输层、网络层、数据链路层、物理层)协议的每一层进行全方位检测。在应用层可以还原数据、内容,如还原下载附件;还可以还原行为,如 DNS 域名的查询。在传输层可以检测流量是否加密或检测数据格式,还可以检测对消息的控制和管理。网络层是端到端的检测,可以检测数据包的大小、IP 地址等。数据链路层是单链路上的数据检测。物理层则可以用于检测帧、电流、信号等。一般情况下,普通的流量检测只会检测包头内容,从而忽略了内容的检测。全流量也有不足,如在检测的同时需要处理大量的数据,正常情况下一个百兆网络的数据流量就能达到 1TB/天。

(四)攻击溯源与关联分析技术

网络攻击溯源通常是在网络攻击时对攻击者的查找,在应用层的 ID 映射到 IP 地址后,将应用层溯源转化成网络层溯源,溯源内容包括攻击者发起的相关信息,如使用的设备、IP、邮件、日志、路由信息等。然后可以对这些信息进行关联分析,提取特征或者找出交集,有利于对攻击源的快速定位、重建攻击链和识别攻击意图。在 APT 检测中,安全人员一般先预测出攻击或者检测出攻击,根据预测或者检测的结果进行碎片关联分析,最后查找出攻击源。

第三节 未知威胁攻击检测

一、未知威胁共性

当人们试图发现未知威胁的蛛丝马迹时,需要海量且多维度的终端信息作为支撑。为了重现出未知威胁的感染途径和传播方法,这些信息需要涵盖终端基础信息、样本投递信息、内存活动信息、系统变更信息四个大类,具体可细分为移动存储文件传输、进程启停行为、DNS 解析行为、URL 访问行为、进程注入行为、文件访问行为等细化维度的信息。收集终端更多维度且更细化的数据可以给用户提供更丰富的终端描述,能够最大限度地为检测能力提供支撑。

未知威胁又分为两种:一种是已知威胁的变种,是能预测到可能会发生的,可以一定程度上进行防范的,称为"已知的未知威胁";另一种是未知新型网络攻击,是无法预测的,让人觉得无从防范的,称为"未知的未知威胁"。

未知威胁检测一直都是网络攻击检测的难点,而当前的未知威胁很多都是基于公开的恶意攻击工具改进生成的,如 DeepLocker。这些未知威胁和已经发现的恶意攻击之间存在威胁行为共性,在高级攻击语义空间上分布近似。

二、未知威胁常见检测方法

基于终端海量的行为数据,如何发现未知威胁的线索呢? 以下将探讨三种寻找未知威胁线索的方法。

(一)基于异常知识的检测

在海量的终端数据中寻找线索虽然十分困难,但并不是无迹可寻的。好比有经验的警察可以根据一个人表情的异常、微小的动作来判断他是否存在嫌疑一样，基于异常知识的检测需要根据文件、进程等信息的偏离情况对收集上来的终端信息进行检查，从而发现异常情况。按照偏离的属性或关系，可以先将异常的情况总结为文件静态属性偏离、进程动态属性偏离和敏感激进的活动（如敏感的内存活动或磁盘变更）三大类。以"寄生兽"为例，人们发现终端上启动了 PowerShell 并执行了脚本，这就属于敏感激进活动的异常情况。基于这样的思路找到线索之后，就需要根据进程的行为动作来判断其是否为安全威胁。如果确定为安全威胁，则可以通过进程查杀等动作将未知威胁的"检测"落地为对已知威胁的"评估"和"拦截"。

基于异常知识的检测对安全人员的知识储备和能力要求较高，而且依赖人力进行海量数据的比对和分析效率太低，那么是否有一种相对高效的方式来发现异常信息并以自动化的方式进行处理？答案是肯定的，这就是基于威胁情报的检测。

（二）基于威胁情报的检测

威胁情报可以帮助用户快速识别安全威胁并做出明确决定，通常包含了安全威胁的行为描述和攻击特征。现如今，安全厂商提供的威胁情报多用于网关类设备，对于处于潜伏期的恶意样本或者内网扩散不经网关的安全威胁就有了很大的漏洞。因此，若要建设终端的检测能力，威胁情报就需要在终端落地并与终端数据进行碰撞比对。通过这种方式，安全产品可以对明确的已知威胁进行自动化处置，同时把潜在的未知威胁通过告警的方式提示给安全运行维护人员。运行维护人员则可以通过对历史相关的已知威胁的学习，对此风险告警进行人工介入，缩短未知威胁响应时间。在威胁情报的引导下，不但企业用户可以学习和了解生产环境中发现的已知威胁，终端安全产品同样可以通过威胁情报检出潜在的未知威胁，并协助安全运行维护人员进行安全决策。而通过最终决策结果，安全运行维护人员可以校正或更新威胁情报的方式，以实现终端安全治理中知识的管理和积累。通过这种本地知识积累和云端知识传递的方式，企业中的终端安全产品会不断向未知威胁检出与响应流程自动化的目标前进。而企业中的安全运行维护人员，也会不断提升自身的安全运行维护能力。最终,终端安全治理得以向智能化的方向发展,而威胁情报将成为智能化的核心驱动力。

威胁情报是由安全厂商提供的,在这种安全能力传递到客户之前将会存在一段"空窗期"。如何弥补在"空窗期"对未知威胁的检测能力不足?机器学习将会是非常好的补充。

(三)基于机器学习的检测

参考各大安全厂商的监测数据,新恶意样本的产生越来越快,绕过终端防护基线的手段层出不穷,使用机器学习的方法来弥补客户"空窗期"检测能力的不足已经成为业界趋势之一。简单来说,机器学习要先建立一个分析模型,之后对分析模型进行大量训练。这类模型的建立过程首先基于行为样本或者网络访问样本进行聚类,之后建模出初次判断模型(包含大量参数),然后根据大量的正负样本通过神经网络的算法对参数进行调整,使其偏离率越来越低。要想获得一个准确的判断模型,神经网络的层数和样本的训练量就很重要:神经网络的层数如果过少,对样本的分析就会不够细化,导致误报率、漏报率的提高;但是,也需要考虑神经网络层数过多对于性能的影响,如果神经网络层数过多,就会使训练周期和判断时间大大延长。一般来说,业界的最佳实践是采用六层的神经网络算法。还有一个涉及模型能力的重要因素是样本的训练量。通过大量样本的分析训练,判断模型会通过神经网络自动对判断的参数进行调节,使之偏离率最小。如果样本规模过小,则会使模型的参数调整不够成熟,产生大量误报、漏报。因此,神经网络层数和样本训练量是建立机器学习机制的重要考量因素,二者缺一不可。

第四节　威胁狩猎

人工智能的迅速发展和广泛应用促进了数字经济的快速发展,然而,基于人工智能技术的智能攻击也逐渐成为一种新型的攻击手段,传统的防护方式已经不能满足安全防护的实际需求,组织机构想要检测入侵是否已经发生变得越来越困难。整个网络环境变得越发复杂,传统基于特征值的被动检测技术效果变得越来越差,没有任何一种技术能够百分之百检测到恶意活动,因此人们不得不主动出击去狩猎,也就是"威胁狩猎"。

威胁狩猎(threat hunting)是一种聚焦于追踪攻击者以及攻击者在执行侦察、安装恶意软件、窃取敏感数据时留下痕迹的一种主动防御技术。威胁狩猎不只是简单标记、报警可疑的活动,还需要应用人类的分析能力以及对环境上下文的理解来更快速地确定何时发生了未授权的活动。这使得攻击可以更早被发现,在攻击者完成攻击目标之前阻止其恶意行为。当然,实践威胁狩猎需要有可用的工具,从而帮助分析人员看清其组织网络中到底发生了什么。

一、威胁狩猎原理

威胁狩猎是指借助威胁数据、分析技术和专家经验,主动搜索、识别网络中未知威胁的过程,其核心思想是假设存在威胁,并开展主动和持续的搜索发现,以缩短发现攻击者踪迹所需时间和提高响应处置能力。威胁狩猎是一个持续性、闭环的主动防御过程。简而言之,威胁狩猎就是主动发现潜伏在网络环境中尚未被发现的攻击活动,而这个过程需要不断地迭代进行,其目的是发现现有的安全解决方案或产品无法检测到的威胁,从而避免可能带来的巨大损失。威胁狩猎不是一种技术,而是一种方法。狩猎团队基于网络中的异常情况,以安全假设作为狩猎的起点,借助工具、分析技术和攻击框架展开调查发现新的战术、技术和过程(tactics、techniques and procedures,TTP)。除触发事件响应外,威胁狩猎会将新的 TTP 添加到分析平台或者安全管理平台。每一次威胁狩猎活动都可以拓展其发现能力,进而使狩猎能够发现更广泛、更多样的攻击。

威胁猎人是技能娴熟的 IT 安全专业人员,能够在威胁可能导致严重问题之前搜索、记录、监控并消除威胁。威胁猎人为企业安全带来了人为因素,补充了自动化系统。理想情况下,威胁猎人是公司 IT 部门内部的安全分析师,熟知公司的运营情况,但有时也会是外部分析师。威胁猎人不仅会梳理安全数据并搜索隐藏的恶意软件或攻击者,寻找计算机可能遗漏或误判为已解决的可疑活动模式,还会帮助修补企业的安全系统,防止此类网络攻击再次发生。

为了成功进行威胁狩猎,组织的安全需要适当的健康数据收集。数据是威胁狩猎过程中的关键要素。威胁猎人使用丰富的数据来搜索安全环境各个角落的网络威胁。从安全信息与事件管理(security information and event management,SIEM)工具、用户和实体行为分析(user and entitybehavior analytic,UEBA)解决方案收集的信息可以作为发现威胁和可疑活动模式的起点。然而,真正的威胁隐藏在未知之中,因此威胁猎人可以依靠人类逻辑来搜索超出此类工具能力范围的网络威胁。主动网络威胁狩猎每次都遵循类似如下的过程。

(1)触发。在触发阶段之前,威胁猎人收集有关安全环境和潜在威胁的见解。然后,触发威胁猎人展开调查。触发器可以是组织系统和网络中的知情假设或异常活动。

(2)调查。随着调查的开始,威胁猎人的目标是收集重要信息以确定威胁是良性的还是恶意的。在此阶段,可以使用多种工具来协助和加快对日常活动的调查。

(3)解决方案。在解决阶段,安全团队使用收集到的信息来响应已确认的威胁。来自所有调查的数据被分析和存储以丰富未来的调查。自动化工具可以使用这些数据来提高效率,而安全团队可以改进安全措施并预测可能的趋势。

威胁猎人从基于安全数据或从环境中接收到的触发器的假设开始,该假设的触发器可以作为对潜在风险进行更深入调查的跳板。威胁猎人可以采用三种主要的调查方式,具体如下。

(1)结构化狩猎。结构化威胁狩猎从攻击指标(IoA)开始,并以攻击者的战术、技术和程序(TTP)为中心。对于狩猎通常围绕 MITRE PRE-ATT&CK 和 ATT&CK 框架构建,这有助于威胁猎人在攻击者破坏环境之前识别出威胁者。

(2)非结构化狩猎。非结构化威胁狩猎从触发器或妥协指标(IoC)开始。然后,威胁猎人在网络中搜索触发器或 IoC 检测前和检测后的恶意模式。威胁猎人可以在数据保留限制允许的范围内调查历史数据。这种类型的威胁狩猎可以发现新型威胁或过去渗透到环境中但现在处于休眠状态的威胁。

（3）情境和实体驱动狩猎。情境和实体驱动的威胁狩猎侧重于高风险/高价值实体，如敏感数据或关键计算资源。情境威胁狩猎着眼于企业的个别漏洞，如在风险评估中发现的漏洞。实体驱动的狩猎使用外部攻击数据来识别最新网络威胁的趋势 TTP。有了这些信息，威胁猎人就可以在组织自己的环境中寻找特定的行为。

以下最佳实践可以更有效地执行威胁狩猎。

（一）保持内部透明度

为了识别异常，威胁猎人需要了解环境的各个方面，包括体系结构、通信流和用户权限。威胁猎人需要识别可能成为攻击焦点的高价值数据。对于威胁猎人来说，了解商业惯例以及员工和客户行为非常重要。识别异常活动的唯一方法是了解组织中什么是正常的，设定行为标准或基线可能会对此有所帮助。例如，如果使用特定产品功能的客户很少，但该功能的流量很大，这可能表明存在攻击。透明度的一个重要方面是访问系统数据，数据通常是日志格式。应集中收集日志，以便使用现代安全工具轻松分析和收集日志。网络过滤器、防火墙以及入侵防御和检测系统等工具都可以提供有用的信息。

（二）使用最新的资源

为了找到突破安全防御的攻击者，威胁猎人需要了解最新的攻击方法、工具和流程。依靠常识或过时的威胁信息是不够的。在过去，威胁猎取可以简单到识别一个已知的恶意软件哈希值或一个简单的妥协指标（IoC）即可，但如今，这些明显的威胁已经被现有的安全解决方案所阻挡。现代威胁猎取必须超越明显的威胁，例如，发现 0day 漏洞或跨越安全孤岛的攻击、将账户泄露与注入攻击或网络攻击相结合。

（三）充分利用现有的工具和自动化

威胁猎人不需要取代组织的 IT 专业人士或正在工作的安全团队。安全和 IT 专家可以帮助他们访问和有效使用网络安全工具与数据集。威胁猎人应该有权访问组织已在使用的所有工具和流程，还应该有权访问所有安全数据集。威胁狩猎需要人类的创造力和直觉，但自动化分析可以减少威胁猎人的手动工作。虽然机器学习算法目前在模式识别方面不如人类，但可以以更快的速度处理更多数据。成功的威胁猎人可以将人类的聪明才智与自动化分析相结合。

（四）使用 UEBA 补充威胁狩猎

用户和实体行为分析（UEBA）支持对来自 SIEM、云系统和安全工具的安全数据进行自动分析。UEBA 解决方案监控网络上的用户、应用程序和其他实体的行为，分析它们与数据和系统的交互以识别异常行为。UEBA 可以通过检查人类和机器的行为模式，用行为分析来补充基于签名和基于规则的检测。UEBA 可以更容易地检测内部威胁、有针对性攻击、金融欺诈以及与已知攻击模式或恶意软件签名不匹配的其他威胁。UEBA 可以提升威胁猎人识别可疑和异常行为的能力，还可以帮助威胁猎人形成有关威胁的假设。结合威胁情报，UEBA 可以帮助威胁猎人快速启动搜索，以查看网络上的异常是否与已知的 TTP 匹配。

二、威胁狩猎循环

威胁狩猎是一个持续的过程，也是一个闭环。选择合适的 SIEM 系统，集中收集各类型日志（如安全设备、终端、应用程序等），以进行高效的数据分析。依据已创建好的威胁狩猎程序进行狩猎，狩猎过程中着重关注对组织感兴趣的特定攻击者，尽可能记录并自动化执行该操作。要始终假设攻击者已进入组织内部，并且已产生了违规行为，要分析攻击者的运作方式和原因，也要依靠狩猎活动来开辟新的调查渠道，并根据与威胁相关的风险等级对狩猎进行优先级划分，不断狩猎，不要等待告警发生，尽可能在告警发生之前找到攻击者。

威胁狩猎过程的最初定义是由 Sqrrl 提出的，也被定义为"威胁狩猎循环"，威胁狩猎的循环流程包括 4 个步骤：

（1）建立假设；

（2）使用技术和工具调查取证；

（3）执行分析，威胁猎人试图在组织环境中发现新模式或异常，此步骤的目的是验证假设是否成立；

（4）尽可能自动化进行分析检测，此步骤为防止团队重复相同的过程并使他们将精力集中在发现新的异常/违规行为上。

威胁狩猎过程的起点是假设，但是这种假设有 3 种假设来源，也是狩猎的方式，具体如下。

（1）基于分析的方式。分析分为两种：基本数据分析以及机器学习的 UEBA 的高级分析方式。

（2）基于重点的方式。皇冠珍珠分析法，对 IT 资产中比较重要的资产进行重点关注。

（3）基于情报的方式。根据威胁情报提供的内容，进行威胁狩猎。

三、威胁狩猎模型

威胁狩猎活动由"假设"驱动，并且是针对具体特定目标进行的，这种假设有 3 种来源：数据分析、关键资产分析和情报分析。从实施角度看，SANS 研究所提出的威胁狩猎模型包括 6 个连续的阶段：目的确认、范围确认、装备准备、计划审查、执行阶段和反馈阶段。

（一）目的确认

目的确认阶段是威胁狩猎周期的第一阶段，用于明确狩猎的目的和预期的结果。目的确认阶段侧重于狩猎组织目标，组织的执行领导或管理层指导威胁搜索，以满足更大的、长期业务目标。目的确认阶段定义的 3 个研究领域如下。

（1）狩猎的目的：总体目的说明为什么需要狩猎。

（2）狩猎地点：目的包括确定环境的范围，以及确定狩猎的假设和限制。

（3）狩猎的预期结果：预期结果应与业务目标以及威胁狩猎如何降低风险保持一致。

狩猎发生的原因可能包括在企业并购事件后将新的网络连接到现有的可信网络上，新的威胁情报表明环境中存在攻击者，或者希望获得对环境更高的认识和信心。虽然目的并没有接管威胁搜索的任务，但目的提供了一般性的指导，可能会将威胁搜索集中在商业目标所关注的区域或子系统领域。目的侧重于狩猎的最终结果。结果可能包括发现环境中的攻击者或识别事件响应过程中的漏洞，从而推动采购决策。

（二）范围确认

威胁狩猎周期的第二阶段是范围确认，包括制订收集数据的详细计划，以及制定分析性问题，也称为假设。范围确认阶段的第一步确定了狩猎发生的区域以及所有相关的系统和协议。范围确认阶段的第二步涉及制定支持总体目标的假设。假设与数据源相匹配,以证明或反驳手头的分析问题。值得注意的是,假设的发展应该发生在目的和范围的定义阶段之后。发展的顺序是至关重要的,因为假设必须被创造出来以证明或反驳一个分析性问题。如果没有一个最初定义的目的或范围来驱动分析问题的产生,关于数据来源的假设可能会导致狩猎偏离预期结果,并引入不必要的认知偏差。

(三)装备准备

威胁狩猎周期的第三阶段是装备准备,重点是确定处理数据所需的分析技术和工具,并证明或推翻已提出的假设。装备准备包括数据源的选择和威胁猎人将采用的分析策略、技术和程序,以使用范围确认阶段定义的数据源,并回答已开发的假设。相关分析方法的识别在装备准备阶段起着核心作用。当威胁猎人通过围绕数据源建立假设而错误地倾向于某个特定的数据源时,就会发生收集偏差。装备准备阶段的两个重点是识别数据源选择分析方法。

在假设制定之后,确定数据源是验证假设是否合乎逻辑的下一步,数据来源将被用来证明或推翻所创建的假设。攻击者基础设施目标和功能的结合创建了一个数据源映射,用于在所研究的系统上进行威胁狩猎。数据源识别阶段的工作是评估潜在的数据源,并决定给定的来源是否与确认或否定当前假设相关,此过程的输出可能会利用收集管理框架(collection management framework,CMF)来评估收集的数据。CMF 是一个数据表,提供可用数据源的记录、来源的收集方式和持续时间。更新后的 CMF 可帮助威胁猎人了解可以用的数据源以及可能需要额外收集的位置。

(四)计划审查

计划审查阶段提供了一个检查点,以确保已制定的假设和确定的资源符合狩猎的总体目的。项目经理可能会向利益相关者简要介绍狩猎计划,以确保狩猎计划符合预期目标。计划审查阶段还包括执行狩猎所需的任何额外资源的分配。如果一个狩猎团队没有狩猎所需的所有资源,则计划审查阶段应该确定狩猎的不足之处,并提出潜在的解决方案来解决所发现的问题。额外的资源可能包括购买新的工具、雇用外部资源或重新确定整个狩猎的范围。计划审查还应该考虑到威胁狩猎将消耗的时间。此外,作为执行阶段之前的最终审查,计划审查应该确保狩猎的时间范围有足够的数据收集覆盖。

（五）执行阶段

一旦猎捕计划获得批准,执行阶段就是威胁猎人根据确定的假设收集和分析数据的阶段。威胁猎人收集范围确认阶段确定的信息,并使用分析技术来证明或推翻已提出的假设。分析人员还应该转向其他可用的数据集,并根据需要使用额外的分析技术来达到狩猎的目的。在所有分析结束后,狩猎报告的开发在执行阶段结束时开始。最终的狩猎报告应侧重于狩猎工作的结果和对目的的回答。生成的威胁狩猎报告应该包含其他数据源、分析技术以及猎杀过程中其他值得注意的事件或发现。

（六）反馈阶段

反馈阶段提供了对先前所有阶段的分析以及它们对狩猎的影响,并提供一个机会来确定未来狩猎的改进,从而推动狩猎标准化、程序化。在威胁追捕结束时,每个阶段都会涉及几个问题,以便于让参与回顾的人员参与。对这些问题的回答应促使组织根据以往回顾的优势和不足,以更高的效率来处理未来的威胁狩猎。

对范围确认阶段的反馈集中在研究中选择寻找的系统和假设生成过程。对范围确认阶段的反馈侧重于范围的质量、所选假设与范围的相关性以及威胁情报来源的有用性。如果威胁搜索无法识别与搜索总体目的相关的系统,则范围确认阶段的反馈应确定缺陷并提供避免未来出现错误的潜在解决方案。如果假设与搜索的目的无关,那么提供给范围确认阶段的反馈将确定假设开发的改进。

对装备阶段准备的反馈侧重于数据集和分析技术对威胁狩猎的支持程度。对装备准备阶段的反馈解决了狩猎结果是否成功实现、狩猎的"原因"是否得到满足、要求是否符合预期结果、是否牢记受众以及是否确定了相关数据源等问题。如果收集管理框架不存在或不包含可用数据源的更新列表,则对装备准备阶段的反馈可能表明需要立即更新收集管理框架。如果威胁狩猎由于认知偏差或分析师出现了错误而忽略了数据源,那么装备准备阶段的反馈可能会解决未来狩猎如何避免数据源选择错误的问题。

如果为狩猎选择的分析技术不够充分或不够全面,无法证明或反驳给定的假设,则对装备准备阶段的反馈可能会提出改进建议。最近的认知偏差可能会导致分析师根据最近一次狩猎中的成功结果来衡量一种工具的有效性,然而另一种分析技术可能会产生更准确或更全面的结果。装备准备阶段的反馈建议可以对装备准备阶段的执行方式进行更正,以避免不适当的分析偏差。

装备准备阶段反馈的另一个重要组成部分是自动化。威胁分析师可能会在给定的威胁狩猎中使用手动分析技术,在可能的情况下,应该尽可能实现自动化以提高效率。

对计划审查阶段的反馈确定了计划审查在多大程度上保持了对目标的关注。对计划审查阶段的反馈侧重于计划审查阶段是否遗漏了任何可观察到的问题,以及是否应该制订额外的计划来验证检查在未来的狩猎中应考虑的问题。计划审查阶段是组织确保计划的威胁搜索符合总体目的阶段。如果计划审查阶段未能发现装备准备阶段所确定的范围和方法的缺陷,则计划审查过程的改进应提供关于如何更好地集中狩猎的反馈。计划审查阶段的另一个反馈则集中在狩猎资源分配的效率上。

执行阶段的反馈主要集中在狩猎过程中的数据收集、分析和数据透视的情况。对执行阶段的反馈解决了在威胁搜索过程中遇到的认知偏差以及有效使用工具、技术和数据的问题。反馈阶段应评估分析师在进行搜索时的严格程度。严格程度主要是指分析技术在相关数据源上的使用情况,以揭示与攻击者存在相关的可观察数据。执行阶段的反馈也可以考虑攻击者在环境中的 TTP 覆盖率。通过了解攻击者的 TTP 和环境中的相关行为,有可能建立一个与攻击者 TTP 相关的主机和网络上的已知可观察对象列表。

为帮助组织机构建设和评价自身的威胁狩猎能力,Sqrrl 的首席威胁猎人(David J. Bianco)提出了威胁狩猎成熟度模型(hunting maturity model,HMM)。该模型将组织机构的狩猎能力分为 5 个级别(初始、最小、程序、创新和领导),用于对团队的检测能力进行分类,每个级别包含分析水平和数据收集水平两个评价维度。

初始和最小阶段高度依赖自动化检测工具,但是在最小阶段,一些威胁情报也可用于检测;程序、创新和领导阶段都是由高水平/超高水平的数据收集确定的,它们之间的差异取决于团队是否可以创建自己的数据分析程序,以及是否可以提供自动化程序以避免重复的搜索检测。更全面的成熟度加入了假设的来源、使用的工具以及对于威胁情报的使用水平,见表 6-1。

表 6-1 结合 HMM 和威胁狩猎循环的威胁狩猎矩阵

阶段	HMM0 初始	HMM1 最小	HMM2 程序	HMM3 创新	HMM4 领导
数据收集	很少,或者没有	能够收集 IT 环境中一些关键节点的数据	能够收集 IT 环境中某些类型的数据	能够收集 IT 环境中某些类型的数据	能够收集 IT 环境中某些类型的数据
建立假设	仅仅处理 SIEM/IDS/防火墙中的告警	根据威胁情报去构建新假设	根据威胁情报、专家经验去构建新假设	根据威胁情报、专家经验、人工风险评分去构建新假设	根据威胁情报、专家经验、自动化的风险评分去构建新假设
通过工具和技术去验证假设	在告警终端、SIEM 中搜索,没有主动的调查	以全文检索或者 SQL 的方式,利用 SIEM 或日志分析工具进行搜索	基于现在的捕获流程,利用简单的工具去搜索分析数据来验证假设	具备可视化和关联分析能力,构建新的捕获流程	具备高效的可视化和关联分析能力,实现了新流程的构建自动化
检测模式和 TTP	无或者仅有 SIEM/IDS 告警	通过金字塔底层的 IoC 进行检测	通过金字塔中层和下层的 IoC 进行检测,并根据时间分析这些 IoC 的变化趋势	能够根据对手的 TTP 和金字塔顶层的 IoC 进行检测	自动地检测复杂 TTP,追踪战役,支持组织间的情报 IoC 共享

表6-1(续)

阶段	HMM0 初始	HMM1 最小	HMM2 程序	HMM3 创新	HMM4 领导
分析自动化	无	使用威胁情报进行自动化告警	建立有效的捕捉流程库,并定期运行	建立有效的捕捉流程库,并经常运行,具备基础的数据分析能力(基线、离群点分析)	自动化地捕捉流程发布与构建,高水平的数据分析能力(机器学习)

结合表6-1,可以发现 HMM 提升途径(在矩阵中右移)如下:

(1)提出假设:动态地提出假设,自动化地得到假设的风险值;

(2)通过工具调查:工具具备有效的可视化和图检索能力;

(3)发现新模式和 TTP:从仅用 IoC 到复杂任务(TTP 匹配);

(4)分析和自动化:通过机器学习,增强分析能力、检测系统的能力。

以 2016 年乌克兰电网被攻击事件为例,根据 SANS 研究所提出的威胁狩猎模型进行分析,具体如下。

(1)目的确认阶段:对所有 500kV 输电变电站和前十大配电变电站进行威胁狩猎。

(2)范围确认阶段:确定被测系统、控制系统资产和人机界面,IEC60870-5-104 是其中的重要协议;确定假设,攻击者使用针对 IEC60870-5-104 协议的工具,对变电站进行了攻击。

(3)装备准备阶段:IEC60870-5-104 数据源,使用商用工具或者 Wireshark 来分析流量,使用 Snort 在流量中检测,也可检查 Windows 事件日志。

(4)计划审查阶段:评估上述流程是否满足狩猎的目的。

(5)执行阶段:检查 Windows 日志和流量中是否存在已知 TTP。

(6)反馈阶段:分析狩猎过程中的不足。

四、威胁狩猎实现

威胁狩猎实现全流程由六步构成,包括威胁假设、攻击复现、分析取证、深入研究、自动捕获和分享记录。

（一）威胁假设

威胁狩猎的主要特征之一为它是人为驱动的活动，无法完全自动化。核心过程的来源就是狩猎的假设，假设是指对组织环境的真实威胁与威胁猎人的预感以及如何发现威胁的方法相一致。假设一般基于观察发现（如发现与基线存在偏差）及其他组织共享的信息。提出假设对于能产生良好效果的狩猎至关重要，但是定义不正确的假设将导致错误的结果或结论，会对组织造成负面影响，这代表防御失效，给攻击者提供了更长的活动时间。同时在可视化层面上会产生一种错误的安全感，从而会引发错误的假设，认为没有违规/异常行为的发生，感觉组织环境很安全。明确定义的假设必须简洁明了，必须可测试，需考虑使用的工具和所需的数据，不能太宽泛，也不能太具体，但是必须指定要从何处收集数据以及要狩猎什么。

威胁建设检测能力的驱动因素，通常借助一些攻击模型来指导具体的研究路线，如 MITRE 的 ATT&CK 攻击矩阵，当然还有 Cyber Kill Chain 和 At-tack Lifecyele 等其他选择。选定攻击模型后，可以根据攻击流行度或防护薄弱点来选定具体的研究对象。

（二）攻击复现

有了狩猎目标，在开始进行分析和检测之前，还需要具体的攻击活动以供研究。如果没有现成的恶意样本或数据，最好考虑借助工具来完成这一活动，不仅是为了方便复现，更是为了方便记录和共享。

（三）分析取证

有了攻击活动后，就需要掌握关键数据源，选择合适的角度去观测恶意行为。假如平时经常用到 ATT&CK 模型，可以参考各种 TTP 所需的数据源做好相应的日志采集工作。

（四）深入研究

有了日志之后，也许很容易就能观测到一些较为明显的攻击特征，产出基于模式或基于行为类型的规则。但是要想尽可能地避免误报并提高检测质量，还得继续深入研究，可以借助 UEBA 和机器学习，也可以使用长尾分析和 RBA（risk-based alerting）等手段来帮助发现未知威胁并提高检测置信度。

（五）自动猎获

这一步其实是将前面的研究成果落地，为产品赋能，固化成脚本或工具，提高分析效率，创造直接价值。通过上面的步骤人工识别出威胁后，就可以采取一些自动化的措施来提高后续的分析效率，并直接创造价值。

（六）分享记录

为了方便复盘、分享和团队协作，务必要做好文档管理。不仅包括检测规则，还包括攻击复现过程、恶意样本日志，甚至包括狩猎过程中所使用到的其他技巧。例如，对于新的攻击方法，可以将复现过程编写成Caldera的插件或者Atomic的脚本，对于已复现的攻击步骤，可以记录下日志数据，打包归档，方便其他成员实时分析。

第五节　身份威胁检测和响应

身份威胁检测和响应（Identity Threat Detection and Response，IT-DR）是Gartner在2022年发布的《2022安全运营技术成熟度曲线》报告中正式提出的一种旨在保护身份的新型网络安全解决方案，专门用于保护身份和管理身份的系统，是所有现代IT系统的核心。ITDR工具可以帮助保护身份系统，检测系统何时受到威胁并实现有效的修复。因此，ITDR的生命周期一般应包含3个阶段：在网络攻击之前保护身份、保护身份免受活跃的网络威胁、攻击后恢复身份服务及操作。

随着组织迅速转向远程工作和采用公共云，传统的网络边缘实际上已不复存在。基于身份的攻击呈上升趋势，当今的组织必须保护身份，并检测攻击者何时进行利用、滥用或窃取企业基于身份的攻击活动。如今，网络犯罪分子越来越多地利用特权访问凭证绕过身份和访问管理（Identity and Access Management，IAM），然后使用这种访问权限在网络中横向移动来窃取有价值的数据，如员工和客户的敏感的个人或财务信息。考虑到身份滥用造成的损害，采用保护身份的解决方案至关重要。分析研究结果发现，凭据数据滥用是现在所有违规行为中的大部分因素，突出表明攻击者不断尝试访问有效凭据并利用它们在未被发现的情况下在整个网络中移动。凭据滥用还促进了勒索软件2.0等攻击策略的发展，勒索软件现在造成越来越多的违规行为。

活动目录（Active Directory，AD）是基于身份的网络攻击的常见目标，因为它们的妥协可以为攻击者提供立足点，以扩大访问权限、建立持久性、提升特权、识别更多目标并横向移动。ITDR的核心是检测凭据盗窃和特权滥用、对AD的攻击以及创建攻击路径的风险授权。与专注于授权和身份验证的现有身份保护工具（如身份和访问管理（Identity and Access Man-agement，IAM）、特权访问管理（Privilege Access Management，PAM）或身份治理和管理（Identity Governance and Administration，IGA））相比，ITDR解决方案保护身份、权利以及管理它们的系统，确保合适的人可以访问他们需要的资源。ITDR提供对凭据滥用、授权暴露和特权升级活动的可见性，从端点扩展到AD和多云环境。只有经过授权的用户、设备和服务才能访问系统，ITDR技术将为身份和访问管理部署额外的安全层。

和端点检测与响应（Endpoint Detection and Response，EDR）相比，ITDR解决方案的运作方式与其相似，但侧重点不同。EDR解决方案寻找对端点的攻击并收集数据进行分析，而ITDR解决方案寻找针对身份的攻击。当EDR检测到攻击时，它需要响应操作来停止进程、隔离系统或协助调查。相比之下，ITDR解决方案通过提供将攻击者重定向到诱饵等非生产资产的虚假数据，在检测到攻击时增加了一层防御。它还可以自动将基于身份的攻击的受感染系统与网络的其余部分隔离开来，从而限制仅与诱饵环境的交互。EDR工具和ITDR解决方案可以通过收集取证数据和收集攻击期间使用的进程的遥测数据来协助事件响应。

一些ITDR解决方案还可以通过提供使企业身份容易受到攻击的风险的可见性来管理身份攻击面。这些风险包括存储在端点上的凭据、允许攻击者提取数据或进行攻击的AD配置错误，或者允许攻击者访问敏感或关键工作负载和数据的云环境中的过多权限。减少这些暴露可以通过限制攻击者能够瞄准或利用的目标来保护企业身份。

身份应该得到与组织应用于主机、网络、系统和软件的相同级别的管理及控制。这比以往任何时候都更加重要,因为身份已成为网络攻击的主要媒介。与 IT 风险的其他方面一样,身份风险应通过预防性和检测性控制来管理。

(1)身份是新的边界。身份被描述为新的边界,因为即使网络、端点和所有其他设备都是安全的,攻击者只需要访问一个特权账户就可以危害企业资源。

(2)身份是新的漏洞。如果身份是新的边界,那么身份也是新的漏洞,身份安全漏洞已成为最大的企业风险。身份和访问管理系统旨在执行最小特权原则,但也力求在用户通过身份验证后尽量减少摩擦。这些截然不同的目标,使得检测威胁行为者何时成功妥协并使用有效用户的凭据变得更加困难。因此,账户接管攻击(ATO)已成为最主要的攻击媒介。尽管部署了特权账户管理、多因素身份验证和其他身份与访问管理解决方案来保护身份不被威胁者利用,但 Ilusive 的研究结果表明,可利用的身份风险存在于六分之一的企业端点。

威胁行为者使用多种技术来获取对账户凭证的访问权限,这些技术经常利用开源攻击工具。通过这种方式泄露身份,他们可以更轻松地隐藏邪恶活动,并在完成最终行动之前更快地完成攻击的各个阶段。典型的勒索软件攻击通常利用在网络钓鱼攻击中窃取的凭据或在暗网上购买的凭据来建立初始访问。然后,攻击者使用各种攻击工具(如 Mimikatz)来提升权限并转储特权凭据。事实上,从系统内存中窃取凭据是攻击中最常用的身份识别技术。

身份易受攻击的原因分为身份未托管、身份配置错误和身份暴露三类。

(1)身份未托管。

①服务账户。机器身份不受 PAM 管理,因为它们在实施过程中未被发现,而且并非所有应用程序都与 PAM 兼容,如现代化成本高昂的遗留应用程序。

②本地管理员。本地管理员权限可以促进各种 IT 支持请求,但通常在创建后未被发现或被遗忘,从而使本地管理员无法进行管理。

③特权账户。许多其他特权账户不受 PAM 或 MFA 解决方案的管理,因为它们在部署期间未被发现。

(2)身份配置错误。

①影子管理员。嵌套身份组的复杂性使得很难查看所有身份的完整权限和应享权限,导致账户被授予意外的过度特权。

②弱加密和密码。配置为利用弱加密、缺失加密或不强制执行强密码策略的身份。

③服务账户。具有特权访问权限的机器身份可能会被错误配置为允许人类进行交互式登录。

(3)身份暴露。

①缓存凭据。通常存储在端点内存、注册表和磁盘上的账户与凭据信息,它们很容易被常用的攻击者工具利用。

②云访问令牌。存储在端点上的云访问令牌是攻击者获取云资产访问权限的常用手段。

③打开 RDP 会话。远程应用程序会话可能被不正确地关闭,使攻击者能够利用打开的会话及其特权,在很大程度上不存在被发现的风险。

需要注意的是,任何给定的身份都可能以多种方式受到攻击。这些身份通常会使组织面临最大程度的身份风险。例如,单个身份可能会被错误配置为拥有意外的影子管理员权限,这在本质上会导致该身份由于缺乏 IT 知识而不受管理,通常会触发针对具有其权限的账户的额外级别的访问管理保护,并且可以以导致其凭据暴露的方式进一步使用相同的身份。

完整的 ITDR 解决方案应包括发现和修复组织身份状况中的漏洞以防止身份利用的预防功能,以及在出现危害指标时准确发出警报的检测功能。

(1)ITDR 预防控制。ITDR 预防控制会在威胁行为者试图利用它们之前发现并修复身份漏洞。与传统的漏洞和风险管理程序非常相似,ITDR 的发现功能使组织能够清点其身份"资产"的风险。最有效的ITDR 解决方案可以提供自动、持续和全面的身份发现,包括对未托管、配置错误和暴露的特权账户的可见性。这种可见性支持有效的 IT 和信息安全决策,以减轻不同身份管理系统(如 IGA、PAM、MFA、SSO 等)的大型、多阶段部署中的风险。事实上,对任何复杂系统进行有效管理都需要持续扫描问题,身份管理也不例外。

(2)ITDR 检测控制。ITDR 检测控制可以发出警报,有迹象表明,威胁行为者或内部人员试图以给组织带来风险的方式破坏或利用身份。需要检测控制来减轻无法避免的风险,以便在发生攻击时可以提醒合适的团队成员并在必要时快速做出响应。

在攻击完成之前准确检测身份威胁已被证明是难以实现的,原因很多。

(1)检测攻击的时间更短。在许多情况下,攻击者在许多攻击类型(如勒索软件)中的停留时间已从数月缩短至数天。通过将攻击者的注意力转移到执行系统入侵的身份妥协上,攻击者能够更快地通过攻击阶段来执行发现、横向移动、收集数据并完成攻击。

(2)现有安全控制的有效性降低。随着攻击者的重点已经转移到利用身份作为他们的主要目标,攻击者几乎放弃了许多以前的技术,使这些技术的安全工具变得无关紧要。攻击者还经常证明,一旦他们提升了权限,他们就能够禁用旨在检测他们的安全控制,包括端点代理。

(3)无法从可接受的特权账户活动中准确检测恶意行为。特权用户的签名和基于行为的分析已被证明无法准确检测恶意特权升级和横向移动,成功攻击的持续增加证明了这一点。特权管理员账户的可接受行为(数据科学家称之为高数据熵)缺乏足够的一致性,导致难以建立有效的基线,而这些基线是最小化误报和漏报警报所必需的。因此,需要更准确地检测受感染的特权账户。欺骗及其植入欺骗性内容以引诱攻击者的确定性方法为行为分析提供了一种可行且经过验证的替代方法,可以准确检测特权升级和横向移动。如果实施得当,这种方法会根据对攻击者的技术和工具的理解,设置只有攻击者会与之交互的诱饵,并且不会留下任何线索让攻击者相信他们被困住了(如在主机上运行的服务或代理)。

　　如今,身份安全是网络安全威胁的核心,检测和响应基于身份的威胁的能力至关重要。虽然许多工具都旨在保护网络安全,但 ITDR 为组织提供了一个关键的新武器,可以发现和修复凭据与授权弱点,并实时检测攻击。由于现代网络犯罪分子试图利用易受攻击的凭据和权利在网络中移动而不被发现,ITDR 解决方案在阻止这方面的攻击上发挥了有意义的作用,而其他工具根本无法做到。

参考文献

[1]魏强,王文海,程鹏.工业互联网安全架构与防御[M].北京:机械工业出版社,2021.

[2]王冲华,李俊,郝志强,等.工业互联网安全架构与技术[M].北京:电子工业出版社,2023.

[3]汪烈军,杨焱青.工业互联网安全[M].北京:机械工业出版社,2023.

[4]杨文,杨超,赵芝芸.工业互联网信息融合与安全[M].北京:化学工业出版社,2023.

[5]陈雪鸿,何小龙,李俊.工业互联网安全防护与展望[M].北京:电子工业出版社,2022.

[6]兰昆.工业互联网信息安全技术[M].北京:电子工业出版社,2022.

[7]魏旻.工业互联网安全架构及关键技术[M].北京:科学出版社,2022.

[8]张炎,潘科,许云林.工业互联网标识解析:建设与应用[M].北京:机械工业出版社,2022.

[9]徐雷,李红五,叶晓煜,等.5G安全技术[M].北京:机械工业出版社,2022.

[10]孙延明,宋丹霞,张延平.工业互联网企业变革引擎[M].北京:机械工业出版社,2021.

[11]张忠平,刘廉如.工业互联网导论[M].北京:科学出版社,2021.

[12]谭建荣,李培根,李伯虎,等.智慧工业互联网[M].北京:清华大学出版社,2021.

[13]眭碧霞,周海飞,胡春芬.工业互联网导论[M].北京:高等教育出版社,2021.

[14]中国电子学会.工业互联网导论[M].北京:中国科学技术出版社,2021.

[15]刘昊,张玉萍.工业互联网技术与应用[M].北京:机械工业出版社,2021.

［16］戴文斌,宋华振,彭瑜.边缘计算使能工业互联网［M］.北京:机械工业出版社,2023.

［17］邓春红,潘涛,何帮喜.工业互联网技术与应用［M］.北京:机械工业出版社,2023.

［18］杨奎,李颖慧.工业互联网应用:从基础到实战［M］.北京:化学工业出版社,2023.

［19］杜文莉,王峰,赵亮,等.工业互联网关键技术［M］.北京:化学工业出版社,2023.

［20］魏毅寅,柴旭东.工业互联网技术与实践［M］.2 版.北京:电子工业出版社,2021.

［21］王智民.工业互联网安全［M］.北京:清华大学出版社,2020.

［22］牛玉刚,宋军,陈蓓,等.信息物理系统安全控制设计与分析［M］.北京:化学工业出版社,2023.

［23］桑国海,杨爱喜,时培成.工业新基建:工业互联网驱动智造未来［M］.北京:中国经济出版社,2021.

［24］王建伟.决胜安全:构筑工业互联网平台之盾［M］.北京:电子工业出版社,2019.

［25］闫怀志.工业互联网安全体系理论与方法［M］.北京:科学出版社,2019.